LE GOÛT DES MOTS

UNE COLLECTION DIRIGÉE PAR PHILIPPE DELERM

Les mots nous intimident. Ils sont là, mais semblent dépasser nos pensées, nos émotions, nos sensations. Souvent, nous disons : « Je ne trouve pas les mots. » Pourtant, les mots ne seraient rien sans nous. Ils sont déçus de rencontrer notre respect, quand ils voudraient notre amitié. Pour les apprivoiser, il faut les soupeser, les regarder, apprendre leurs histoires, et puis jouer avec eux, sourire avec eux. Les approcher pour mieux les savourer, les saluer, et toujours un peu en retrait se dire je l'ai sur le bout de la langue – le goût du mot qui ne me manque déjà plus.

Ph. D.

LES MOTS
QUI NOUS MANQUENT

Yolande Zauberman
Paulina Mikol Spiechowicz

LES MOTS QUI NOUS MANQUENT

Calmann-Lévy

TEXTE INTÉGRAL

ISBN 978-2-7578-6954-3
(ISBN 978-2-7021-5746-6, 1re publication)

Sur une idée de Yolande Zauberman

Mamihlapinatatai yagan, dialecte amérindien, Terre de Feu

Quand on se regarde les yeux dans les yeux et qu'on désire la même chose, que l'autre fasse le premier pas.

MARCHER

Pushuk shona, Zimbabwe
Marcher avec une robe très courte.

Tabvuk shona, Zimbabwe
Marcher à petits pas, en sautant comme une sauterelle.

Minair shona, Zimbabwe
Marcher en laissant ses hanches onduler.

Shwitair shona, Zimbabwe
Marcher nu(e).

Berlenggang indonésien
Marcher avec grâce en tenant sa main sur sa hanche.

Biao mandarin

Se glisser sous l'épaule de quelqu'un en profitant d'un passage trop étroit.

Aradupopini tulu, Inde

Marcher main dans la main ou dans les bras de l'autre.

'Akihi hawaiien

Marcher sans savoir où on va.

Barnhbarn-na wagiman, Australie

Laisser des traces.

Tupos grec ancien

C'est la trace d'un pas dans le sable. C'est aussi notre image qui brille dans les yeux de l'autre quand on le regarde de très près. C'est ce qui expliquait jusqu'au IVe siècle avant J.-C. le mystère de notre reflet dans un miroir.

Oogstrelend danois
Caresser des yeux.

Aspectabund anglais
Laisser s'exprimer nos émotions dans nos yeux.

Nagashime japonais
Regarder furtivement quelqu'un, détourner le regard, puis revenir à lui pour être sûr qu'on a attiré son attention.

Tiám farsi
L'éclat dans nos yeux quand quelqu'un nous plaît.

Flechazo espagnol
Le coup de foudre, l'amour au premier regard.

Alistikana arabe
Quand l'émotion fait mollir le cœur et les jambes, et que l'on y cède.

Manabamáte rapanui, langue polynésienne de l'île de Pâques

Quand on n'a plus d'appétit parce qu'on est en train de tomber amoureux.

Forelsket danois

L'euphorie quand on tombe amoureux.

Cascamorto italien

« Tomber mort d'amour » : faire l'amoureux transi.

Al'alaq arabe

Une attraction irrésistible.

Alhawa arabe

Une attirance soudaine, violente et passionnée.

Cheiloproclitic anglais

Une attraction érotique pour les lèvres de quelqu'un.

Vorfreude allemand

L'excitation à imaginer les plaisirs à venir.

Hanaji japonais
Le « saignement du nez », un signe d'excitation sexuelle chez l'homme. Au Japon, un grand nez annonce un grand pénis.

Itaname japonais
Un pénis tellement long qu'il polit le plancher.

Ichikuro japonais
Le meilleur des pénis. Le numéro 1. L'unique en son genre.

Kuromara japonais
Le pénis expérimenté.

Kintama japonais
Les « balles d'or », les couilles en or.

Ormonella argot italien
Les « hormones en folie », une envie irrépressible de faire l'amour.

Häuschen allemand
Exciter quelqu'un jusqu'à ce qu'il perde la tête, qu'il soit sauvagement électrisé.

Vedana sanskrit, Inde
Ressentir les attouchements divins.

Shrāvaṇa sanskrit, Inde
Entendre les sons divins.

Adarśha sanskrit, Inde
Percevoir les formes divines.

Varta sanskrit, Inde
Sentir le divin parfum.

Asvāda sanskrit, Inde
Goûter la divine saveur.

LA NUIT

Nyctophilia néologisme anglais
L'amour de la nuit.

Duutálaa mandinka, Sénégal
Le milieu de la nuit.

Tokoyami japonais
La nuit profonde.

Snag afrikaans, Afrique du Sud
Pendant la nuit.

Geletj-ja wagiman, Australie
La « nouvelle lune », invisible dans le ciel.

Pakkhapandaka sanskritet pâli, Inde
Les personnes excitées sexuellement lors des changements de lune.

Lygerastia anglais
Quelqu'un qui ne fait l'amour que dans le noir.

Eigengrau allemand
La lumière noire, la couleur vue par l'œil dans l'obscurité totale.

LA BLANCHEUR

Semekket touareg
Un être éclatant de blancheur.

Desvelarse espagnol
Passer une nuit blanche.

Eheren touareg
La ligne blanche qui apparaît à l'horizon à la fin de la nuit.

Baijing chinois
Le « teint blanc », un signe de noblesse.

Pienka russe
La peau blanche qui surnage sur le lait bouilli.

Mundele lingala, Congo
L'homme blanc.

Mpembe lingala, Congo
La terre blanche.

Caatinga tupi, Brésil
La forêt blanche qu'on trouve dans le désert.

Salar espagnol sud-américain
Le « désert de sel », un paysage lunaire, blanc et translucide, craquelé sous le soleil.

Pukak inuitet yupik
La neige poudreuse qui ressemble à du sel.

LA JOUISSANCE FÉMININE

Shiofuki japonais
« Souffler du sel », l'éjaculation féminine.

Humping néologisme anglais
Le mouvement d'un bassin qui ondule lorsqu'on essaye de se faire jouir sans l'aide des mains.

Orbiting néologisme anglais
Les mille et une façons de tourner autour du clitoris.

Layering néologisme anglais
Le plaisir d'avoir la peau caressée autour du vagin.

Hinting néologisme anglais
Toucher, ne plus toucher, toucher encore un point sensuel pour donner du plaisir.

Edging néologisme anglais
Toucher, ne plus toucher, toucher encore, pour retarder et rendre plus intense le moment ultime de la jouissance.

Nyodo japonais
L'amour des jeunes femmes.

Almou'anassa arabe
La délectation de l'intimité amoureuse.

Neko japonais
Une lesbienne féminine.

Femme ou Fem anglais
Une homosexuelle féminine « passive ».

Tachi japonais
Une lesbienne masculine.

Butch anglais
Une homosexuelle masculine « active ».

Dee thaïlandais
Une femme bisexuelle ou homosexuelle très féminine qui a une histoire d'amour avec une *tom*.

Tom thaïlandais
Une femme qui se sent homme à l'intérieur d'elle-même, un garçon manqué. En anglais, on dit *tomboy*.

Machorra espagnol mexicain
Un « spécimen de plante qui ne porte pas de fruits », une lesbienne.

Nensu japonais
Penser tendrement, avec des battements de cœur, à une personne du même sexe.

Wakashu japonais
Un jeune homme, un éphèbe, généralement un homosexuel passif.

Nanshoku japonais
L'amour mâle, l'érotisme entre hommes.

Doseiai japonais
L'amour homosexuel.

Adelphopoiesis grec ancien
Dans certaines traditions chrétiennes, on unissait deux personnes du même sexe, généralement des hommes, dans une relation reconnue par l'Église.

Danseigo japonais
Le langage des hommes.

Shudo japonais
L'amour des jeunes hommes.

Nenja japonais
Un « protecteur », un homosexuel actif.

Kothi sanskrit, Inde
Un homme efféminé qui désire être pénétré et jouer la femme avec un homme.

Okama japonais
« Celui qui se fait chauffer les fesses », un prostitué généralement passif.

Keikan japonais
La « lubricité du poulet », la sodomie.

Culear espagnol mexicain
« Culer », pratiquer le coït anal.

Abuz basque
À quatre pattes.

Tuman indonésien
Trouver quelque chose plaisant et en avoir encore plus envie.

Pandaka pali et sanskrit, Inde
Un homosexuel immature, impuissant et voyeur.

LES VOYEURS

Peep anglais
Jeter un coup d'œil comme un voyeur.

Nozoki japonais
Espionner sous les jupes d'une fille, regarder à travers toutes les ouvertures de ses vêtements.

Chirarism japonais
L'image fugace d'une culotte, d'un regard troublant, d'un corps nu, qui reste imprimée dans la rétine.

Gymnophoria néologisme anglais
La sensation que quelqu'un vous déshabille mentalement.

Ussuyapandaka sanskrit, Inde
Un voyeur qui prend plaisir à regarder un homme et une femme faire l'amour.

Nekama japonais
Un homme qui prétend être une femme sur Internet.

Cybersex anglais
Le sexe sur Internet.

LE SEXE DE PASSAGE

Pirate argot australien
Être à la recherche de sexe occasionnel.

Quickie argot anglais
Un épisode sexuel spontané consommé à grande vitesse.

Amomaxia néologisme anglais
Un désir urgent de faire l'amour dans une voiture.

Culiflojo, culipronto espagnol mexicain
Qui couche à droite et à gauche. En anglais on dit *promiscuous*.

Sacanagem portugais
« Ayons des expériences érotiques crues et un peu folles sans tabou ! »

Agapemone grec
Une communauté où tout le monde fait librement l'amour avec tout le monde.

Buksvåger suédois
« Deux beaux-frères de l'abdomen », deux hommes qui ont couché avec la même femme.

Areodjarekput inuit
Échanger ses épouses, seulement pour quelques jours.

Pu'ukaula hawaiien
Parier sa femme ou son mari au jeu.

Volado espagnol mexicain
Le jeu à pile ou face.

Whale anglais
Une « baleine », un joueur qui a les moyens de parier de très grosses sommes.

Picchetto ou martingala argot romain
Un pari clandestin.

Jailbait anglais
Un « appât de prison », un mineur – fille ou garçon – très séduisant. Coucher avec peut envoyer direct derrière les barreaux.

Alsabwa arabe
L'amour pour une nymphette.

Fensterln allemand
Entrer par la fenêtre chez une fille avec qui on veut coucher pour que ses parents ne s'en aperçoivent pas.

Shinobi japonais
Rendre secrètement visite, s'introduire en cachette.

Skelm argot afrikaans, Afrique du Sud
Tout ce qui se vit en cachette, une maîtresse, un amant, un escroc, un fauteur de trouble…

Barragana espagnol
La maîtresse d'un prêtre.

Bhramara sanskrit, Inde
Un « vagabond », le nom d'une grosse abeille qui symbolise un mari ou un amant volage.

Yéera mandinka, Sénégal
S'approcher subrepticement.

Menggerumut indonésien
La nuit, s'approcher silencieusement de quelqu'un pour lui faire l'amour.

Infrattare ou Imboscare italien
« Aller dans les bois », se cacher avec quelqu'un pour l'embrasser, le toucher, lui faire l'amour ou pour cacher quelque chose.

Paccare argot romain
S'embrasser passionnément en se touchant, ou voler des bagages dans une voiture sans surveillance.

LES CHOSES CACHÉES

Latibule néologisme anglais
Une cachette confortable.

Shimekiri japonais
L'entrée interdite.

Shimeno japonais
Le territoire tabou.

Shayguétz yiddish
« Un garçon ou un homme non juif » qui veut sortir avec une fille juive, ou pire l'épouser, il jette l'opprobre sur toute la famille.

Shiksè yiddish
La « petite amie non juive d'un juif », une belle fille, charmeuse, qui fait passer ses jambes avant sa tête. L'épouser fait scandale. Désigne aussi la « bonne à tout faire ».

Gatear espagnol mexicain
Faire la cour à une domestique.

Bataclán espagnol mexicain
Un épisode scandaleux, jugé immoral ou obscène.

Adelphepothia anglais
Un désir incestueux pour sa sœur.

Adelphithymia anglais
Un désir incestueux pour sa nièce.

Adelphirexia anglais
Un désir incestueux pour son neveu.

Tacenda anglais
Les choses qu'il faut taire, qu'il vaut mieux ne pas dire.

Akkisuitok inuit
Ne jamais rien demander, ne jamais poser de questions.

Tatemae japonais
Ce que la société attend de nous et de notre statut social. Ce qui peut être dit en public mais qui ne correspond pas forcément à nos désirs, à nos fantasmes, à notre *honne*.

Honne japonais
Une croyance intime cachée, un désir qu'on n'exprime qu'à des amis très proches.

Nunchi coréen
Exprimer nos désirs, nos idées, nos pensées en silence, par des signaux subliminaux.

Mokita kilivila, Nouvelle-Guinée

La vérité que tout le monde connaît mais que personne ne veut dire.

Djambi lingala, Congo

Les choses connues.

Tadlis farsi

Dissimuler les défauts des objets qu'on a à vendre.

Kúfúra mandinka, Sénégal

Cacher sous ses vêtements quelque chose qu'on s'apprête à donner.

Yéebuyóomu mandinka, Sénégal

Lâcher ce qu'on a dans les mains comme un voleur surpris se débarrasse de son butin.

Frullare argot romain

« Fouetter et mixer », faire disparaître des preuves compromettantes.

Whelve argot anglais

Enterrer un objet ou un secret très profondément pour le cacher.

Worma tulu, Inde

Un secret, ou un organe vital du corps.

Bekembeket touareg

Se couvrir de vêtements ou de couvertures pour que le visage même disparaisse.

Metenkal touareg

Un « lieu plus ou moins grand où tout est dérobé au regard », un massif montagneux ou une vallée peuvent dissimuler des populations avec leurs troupeaux aux yeux d'ennemis, une poche peut cacher un objet.

Dende mandinka, Sénégal

Se cacher derrière quelque chose.

Elres touareg

Se dissimuler derrière le tout petit ou le très grand au milieu d'une foule ou derrière une touffe d'herbe, dans un trou, une vallée, dans le feuillage d'un arbre.

Jeruhuk malais
Trébucher sur un trou caché dans l'herbe qui vient de repousser.

Pussyfoot anglais
Les « pattes d'un chat », se déplacer furtivement à petits pas ou hésiter, tourner autour du pot, ne pas s'engager.

Achaplinarse espagnol centre-américain
Hésiter, puis s'enfuir à la manière de Charlie Chaplin.

Pengola lingala, Congo
S'écarter du chemin.

MARCHER PRÈS DE L'EAU

Wafu mandinka, Sénégal
Marcher très vite à grands pas.

Dowor shona, Zimbabwe
Marcher longtemps pieds nus.

Merrma wagiman, Australie
Marcher au bord de l'eau en cherchant quelque chose avec les pieds.

Jobongh-nga wagiman, Australie
Marcher dans l'eau.

Bob anglais
Danser sur l'eau comme un bouchon. Se dit d'un bateau, amarré ou non.

Bidasoi basque
Un vent de mer tourbillonnant.

Katxoi basque
Une petite vague en haute mer.

Osmělit se tchèque
Entrer dans l'eau jusqu'à mi-cuisse, trouver l'eau trop froide pour s'y jeter, en prendre dans ses paumes et la verser sur soi doucement pour s'y habituer.

Honuhonu hawaiien
Nager seulement avec les bras.

Túuneŋ mandinka, Sénégal
S'enfoncer dans l'eau.

Lethatü basque
Qui se gonfle d'eau.

Puiyarpo inuit
Sortir la tête de l'eau.

Edjo lingala, Congo
Un être fantastique habitant sous l'eau.

Vodianoï russe
Un esprit malveillant qui vit dans les marécages et noie les gens et les animaux. En polonais, c'est *wodnik*. En ukrainien, c'est *vodianik*. En slovaque et en tchèque, *vodník*.

Hafgufa islandais
Un énorme monstre marin déguisé en île ou en rocher dans la mer.

Alhourâk arabe

L'amour comme une noyade, un abîme, un feu, un anéantissement.

Alchaghaf arabe

L'amour qui déborde les limites prescrites pour devenir violent comme un torrent.

Alhouyam arabe

L'amour perdition, la soif brûlante. Selon Al-Daylami, « Aucune eau n'étanche ma soif, et ma soif est lente à me faire périr ».

Alsukr arabe

L'amour ivresse.

Barfly anglais
Une « mouche de bar », un pilier de bar.

Samogon polonaiset russe
La vodka illégale faite à la maison, parfois si alcoolisée qu'on peut en mourir.

Stopka russe
Un verre de cent grammes de vodka.

Rioumka russe
Un verre de liqueur ou de vodka.

Caballito espagnol mexicain
Un « petit cheval », un verre de tequila.

Tequilear espagnol mexicain
Boire de la tequila.

Booze anglais
Un alcool fort.

Yash yiddish
Le « vin qui brûle », tous les alcools forts.

Zakousit' russe
« Croquer quelque chose après avoir bu de l'alcool », les Russes respirent très fort un morceau de pain ou de lard avec de l'ail et le mangent aussitôt après pour dessoûler ou pouvoir continuer à boire.

Chaser anglais
Une boisson, comme de la bière, de l'eau ou du soda qui sert à « faire passer » un alcool fort.

Tortuga ou Caguama espagnol mexicain
La « tortue », une bouteille de bière d'environ 1 litre.

Teguk malais
Boire d'énormes gorgées à la bouteille.

Botellón espagnol
La « grande bouteille », un groupe de jeunes qui s'installent sur la voie publique pour boire de l'alcool.

Sobutyl'nik russe
Quelqu'un avec qui on partage une bouteille d'alcool.

Freibiergesicht allemand
Quelqu'un qui est toujours là quand on offre à boire.

Sgriob gaélique
La brûlure de la lèvre supérieure provoquée par une gorgée de whisky.

Baratona argot brésilien
Faire un marathon d'alcool, d'un bar à l'autre.

Carouse anglais
Aller de bar en bar pour se soûler et draguer des filles.

Zapoï russe
Une terrible envie de se saouler, de se perdre dans l'oubli. Personne ne peut vous en vouloir, ni votre famille, ni votre patron. Parce que ça arrive au moins une fois à tous les êtres humains. Selon Emmanuel Carrère : « *Zapoï* est une affaire sérieuse,

pas une cuite d'un soir qu'on paye, comme chez nous, d'une gueule de bois le lendemain. *Zapoï*, c'est rester plusieurs jours sans dessaouler, errer d'un lieu à l'autre, monter dans des trains sans savoir où ils vont, confier ses secrets les plus intimes à des rencontres de hasard, oublier tout ce qu'on a dit et fait : une sorte de voyage. »

L'EFFROI

Kejeblos indonésien
Tomber par accident dans un trou.

Búsa mandinka, Sénégal
Tomber avec violence sur quelque chose.

Desbarrancarse espagnol mexicain
Tomber dans un précipice.

Ma-werri-gun wagiman, Australie
Un endroit dangereux.

Unheimlich allemand
L'inquiétante étrangeté, quelque chose de bizarre, d'effrayant. C'est un concept freudien de malaise provoqué par un événement inattendu qui éclate dans la vie quotidienne.

Aduantas irlandais
Un sentiment de malaise ou de peur quand on est dans l'inconnu.

Dokidoki japonais
Un battement de cœur très rapide provoqué par une inquiétude ou une surprise.

Tsiternish yiddish
Un effroi soudain.

Amoklauf allemand
Une course folle, fatale, furieuse, sans but, dans un état de trouble pathologique, semant aveuglément la panique autour de soi. Stephan Zweig écrit : « C'est plus que de l'ivresse… c'est de la folie… une sorte de rage humaine littéralement parlant… une crise de monomanie meurtrière et insensée, à laquelle aucune intoxication alcoolique ne peut se

comparer. [...] l'*amok*, voici ce que c'est un Malais, n'importe quel brave homme plein de douceur, est en train de boire paisiblement son breuvage... [...] et soudain il bondit, saisit son poignard et se précipite dans la rue... il court tout droit devant lui, toujours devant lui, sans savoir où... Ce qui passe sur son chemin, homme ou animal, il l'abat avec son *Kris* et l'odeur du sang le rend encore plus violent... [...] Les gens des villages savent qu'aucune puissance au monde ne peut arrêter un *amok*... et, quand ils le voient venir, ils vocifèrent, du plus loin qu'ils peuvent, en guise d'avertissement : "*Amok ! Amok !*" Et tous s'enfuient... »

Berserker anglais

Un fou furieux, pris de folie meurtrière.

Sgean gaélique écossais

Une terrible expression de peur sur le visage de quelqu'un.

Bingildamak turc

Trembler comme de la gelée.

Jera indonésien
Être profondément épouvanté par une expérience qu'on ne veut plus jamais revivre.

Benoubek touareg
Être dans l'obscurité, dans l'inconnu, ne rien comprendre.

LA NUIT NOIRE

Langitjgun wagiman, Australie
Un homme qui marche dans la nuit.

Goibel basque
Le ciel noir.

Wangalanggu wagiman, Australie
Une froide nuit pleine de vent.

Orrugu basque
Le hurlement du loup.

Irkannu tulu, Inde
L'incapacité à voir la nuit.

Bardatj-ja wagiman, Australie
Avancer tête basse.

Aienatu basque
L'obscurité qui fait disparaître et fuir.

Uhuria basque
Un cri lugubre, le cri du hibou.

Yome japonais
La nuit noire, aveugle.

Headwind anglais
Le vent contraire.

Biryouk russe
Un loup solitaire, quelqu'un qui marche seul.

Chakwair shona, Zimbabwe
Marcher sur un chemin boueux en pataugeant.

Svavair shona, Zimbabwe
Marcher dans le froid et le mouillé.

Limicolous anglais
Qui vit dans la boue.

Buuñaŋ mandinka, Sénégal
L'irritation entre les doigts de pied due à l'humidité.

Tailwind anglais
Le vent arrière.

Tănesmot touareg
Le vent froid, insensible et désagréable.

Zhaghzhagh farsi
Le grincement des dents à cause du froid ou de la rage.

Notchevat' russe
Passer la nuit.

Teklak-tekluk indonésien
La tête qui tombe un peu en avant, un peu en arrière quand on est fatigué, presque endormi.

Tunuallak inuit
Glisser et tomber sur le dos en marchant.

Utouto japonais
S'endormir sans même s'en apercevoir.

Rhwe tsonga sud-africain
Dormir par terre, saoul et nu.

Durtdur-ma wagiman, Australie
Dormir n'importe où.

Vpolglaza russe
Un « œil à moitié ouvert », dormir très peu.

Dolilyts ukrainien
Être couché avec le visage tourné vers le sol.

Igau malais
Parler pendant qu'on est pris au piège d'un cauchemar.

Ăzoûzeg touareg

L'heure de la nuit close.

LES RÉVEILS DIFFICILES

Utsurautsura japonais

Quand l'esprit et le corps hésitent entre être réveillés ou endormis. En italien, on dit *dormiveglia*.

Uputka ulwa, Nicaragua

La sensation que quelque chose, probablement un insecte, est en train de ramper sur votre peau.

Kekau indonésien

Se réveiller d'un cauchemar.

Bagstiv danois

Se réveiller le matin encore soûl de la veille.

Katzenjammer allemand

Une terrible gueule de bois. En polonais, c'est *kac*.

Pokhmelitsa russe

Reprendre un verre au réveil, un lendemain de cuite, pour ne pas être malade.

Mañanero espagnol mexicain

La première boisson alcoolisée de la journée ou le coït matinal.

LA PEUR

Puangi maori, îles Cook

La sensation que notre estomac descend dans les chaussettes, comme lorsqu'on est à bord d'un avion qui soudain tombe de plusieurs mètres en traversant un trou d'air.

Collywobbles anglais

Quand on a des crampes à l'intestin dues à la peur, à l'angoisse.

Huijijiyi mandarin

Éviter de voir un docteur de peur d'être diagnostiqué malade.

Abhinivesha sanskrit, Inde

La « peur de la vieillesse et de la mort » qui paralyse l'existence. L'homme sacrifie sa jeunesse pour assurer la sécurité de sa vieillesse. Devenu vieux, il hésite à épuiser son corps, comme le propriétaire d'une belle voiture qui la garderait au garage de peur de l'abîmer.

Alopeciaphobia anglais

La peur de devenir chauve.

Basistasiphobia anglais

La peur d'être debout.

Agyiophobia anglais

La peur des rues, de traverser la rue.

Ølfrygt danois

La peur de ne pas trouver de bière en quittant la ville.

Amomaxiaphobia anglais

La peur de faire l'amour dans une voiture.

Schwellenangst allemand

La peur de s'embarquer dans quelque chose d'inconnu, d'ouvrir une nouvelle porte.

Torschlusspanik allemand

La « panique de la porte fermée », la peur qu'il soit trop tard pour faire quelque chose, pour trouver une solution, pour s'en sortir.

Abhaya sanskrit, Inde

Il n'y a pas de peur. Ou plutôt si la peur est en nous, mais nous sommes nous-même une illusion.

Metanoïa grec ancien

Le renversement de la pensée, le changement de point de vue, le voyage qu'on fait pour changer sa façon de sentir, de vivre.

Oglyadka russe

Le regard qu'on jette derrière soi.

Bardo tibétain
La peur et le désir qu'on éprouve à chaque transformation radicale de la vie.

Awe anglais
Un effroi ou un émerveillement, une sidération quoi qu'il arrive.

MARCHER LONGTEMPS

Nachodzić się polonais
Marcher beaucoup, longuement.

Uitwaaien néerlandais
« Marcher dans le vent », sortir de la ville, se promener dans la nature pour se vider la tête.

Baktat hongrois
Marcher lentement comme un chien le ferait à côté de son maître.

Slattyog hongrois

Le « bruit que font les pieds », aller d'un pas traînant, négligent, avec des sandales qui frottent le sol.

Farblondjet yiddish

Errer sans avoir la moindre idée d'où on se trouve. Pour certains c'est un art. D'où la fameuse phrase de Rabbi Nachman de Brastlav : « Ne demande ton chemin à personne, tu ne pourrais plus te perdre. »

Kalincak-kelincok balinais

Le sentiment d'être partout quand on marche en errant.

LA NATURE

Kenshō japonais

« Voir la nature », un état d'éveil, d'illumination, de profonde conscience de soi.

Friluftsliv norvégien
Quand on est en parfaite harmonie avec la nature.

Merak serbe
Un sentiment d'harmonie avec l'Univers qui naît des plus simples plaisirs.

Qing chinois
La couleur du lointain des montagnes, soit verte, soit bleue.

Nevado espagnol mexicain
Une montagne au sommet perpétuellement enneigé.

Khrebiet russe
Une chaîne de montagnes ou une épine dorsale.

Eiñara basque
Un incendie de montagne.

LA PLUIE

Toutcha russe
Un gros nuage noir porteur de pluie.

Turub aadi mandinka, Sénégal
Un coup de vent violent qui annonce la pluie. En touareg, c'est *efere'*.

Scrow écossais
Une soudaine douche de pluie sur une colline.

Aġenna touareg
Une masse de nuages qui couvrent une grande partie du ciel.

Alo'alokiki hawaiien
Éviter la pluie en courant vite.

Buryan russe
La mauvaise herbe très haute, qu'on traverse difficilement.

Wade anglais
Avancer avec difficulté.

Falsopiano italien
Un faux plat, une montée difficile.

Vedriti slovène
Se mettre à l'abri de la pluie.

Nekhaitz basque
Un temps de grand froid et de grande pluie.

Pestpokkenweer néerlandais
Un temps épouvantable.

Yin chinois
Les « nuages », c'est le froid, la pluie, la féminité, l'ombre. Ce qui est réceptif, latent, passif ou interne. Le symbole animal du *yin* est la grue blanche qui représente le calme, la pureté et la loyauté. Au *yin* sont associés aussi la lune, la nuit, l'obscurité, le nord, l'hiver, la droite, la terre, le pair, les numéros 6 et 8.

Spiovere italien
S'arrêter de pleuvoir.

Greigh gaélique
La chaleur inattendue, quand le soleil sort d'un nuage.

Yang chinois
Le « versant ensoleillé », c'est la lumière, la chaleur, le sommet, la masculinité, la création, l'activité et la force. On associe au *yang* le soleil, le jour, le sud, l'été, la gauche, le ciel, l'impair, les numéros 7 et 9.

Ozkarbi basque
Le ciel serein.

L'APAISEMENT

Mushin japonais
« La tête comme de l'eau », vidée de ses troubles et de ses émotions.

Nakhès yiddish

L'« apaisement de l'esprit », la joie et la fierté que les parents éprouvent quand leurs enfants sont réunis autour d'eux, quand ceux-ci se marient, ont des enfants, un bon métier.

Tefejjej arabe

L'âme dilatée et bienheureuse du Maghrébin après une belle journée passée dans un jardin, au milieu des volières, dans la fraîcheur des fontaines bruissantes avec ses mosaïques et ses jasmins odorants.

Zehheloen touareg

Tout ce qui fait jouir d'une douceur et d'une fraîcheur agréable, de l'eau claire, une belle altitude, un vent doux, de grands arbres, une caverne aérée, du lait et des fruits frais.

A'adé arabe libanais

Un lieu pour s'asseoir dans l'harmonie, la paix, la sensualité, devant un beau paysage. Un lieu protégé et pourtant ouvert. On y boit le café et on y parle la jambe sur la jambe.

Shamatha sanskrit, Inde
La quiétude totale de l'esprit.

Anshim coréen
Avoir l'âme en paix.

LE PARADIS

Naïm arabe
Un endroit où on est bien accueilli, où on se sent à l'aise. L'un des douze noms du paradis.

Jenna arabe
Le paradis est un jardin parce que la terre est un désert.

Lubberland anglais
Un paradis mythique réservé aux paresseux.

Neverland anglais
C'est le nom du pays imaginaire de Peter Pan, des songes et de l'enfance éternelle, dont le sens pre-

mier se réfère à la Land of Nod, la région à l'est de l'Éden où Caïn est envoyé après avoir tué son frère Abel. Michael Jackson a nommé son domaine de Los Olivos en Californie Neverland.

Na'imane arabe

Le souhait rituel de paradis, de douceur, qu'on adresse à quelqu'un qui sort de son bain ou qui vient de se faire couper les cheveux. Dans ce dernier cas, ce vœu est parfois accompagné d'une légère claque sur la nuque.

LES TAQUINERIES

Adeh touareg

Tâter, être tâté et se tâter.

Lagom suédois

Ni trop, ni trop peu.

Jein allemand

Oui et non.

Chatto nai japonais
Un peu non.

Gigil tagalog, Philippines
Une envie incontrôlable de pincer ou de presser entre ses doigts un endroit du corps de quelqu'un qu'on trouve irrésistible.

Kisema espéranto
Une personne qui embrasse pour un oui ou pour un non.

Nylentik indonésien
Donner une chiquenaude sur l'oreille de quelqu'un.

Menjewer indonésien
Tirer les oreilles de quelqu'un.

Mencolek indonésien
Quelqu'un qui, par-derrière, tape sur l'épaule des gens pour leur faire une blague.

Chamaquear espagnol mexicain
« Gaminer », faire à quelqu'un une blague comme s'il était un *chamaco*, un gamin.

Vybafnout tchèque
Sauter et dire « boo ! ».

Aridaje ! argot romain
« Encore ?! Tu m'ennuies ! »

One-liner anglais
Une plaisanterie tenant en une seule phrase.

Jayus indonésien
Une blague tellement pas drôle qu'elle fait rire.

Stam hébreu
Une blague qui n'a pas de sens, pas de raison d'être. Quand on demande pourquoi on la fait, on répond « *stam* », « comme ça ! Pour rien » !

Baykha arabe libanais
« Ce qui est flétri », une blague qui tombe à plat.

Treppenwitz allemand
La « blague qui nous vient dans l'escalier », on a rencontré quelqu'un qui nous plaît, on n'a rien trouvé à lui dire, on est déjà dans l'escalier et là, la blague nous vient.

Piriguete argot brésilien
Une fille qui sort pour draguer ou se faire draguer.

Keelándi mandinka, Sénégal
Une femme qui cherche la compagnie des hommes.

Bunny anglais
Une hôtesse du club Playboy déguisée en lapine.

Encueratriz espagnol mexicain
Une actrice de cinéma qui se dénude volontiers.

Pinup anglais
La fille sexy dont on punaise la photo au mur de sa chambre ou au plafond d'un camion.

Calientahuevos espagnol mexicain
Une « chauffeuse d'œufs », une allumeuse qui chauffe les testicules.

Cruise anglais
Draguer au volant d'une voiture, de préférence décapotable.

Bonitão portugais brésilien
Un beau garçon dragueur.

Kabédon japonais
Un garçon qui se penche sur une fille comme s'il voulait l'embrasser, la plaque contre un mur en appuyant sa main droite sur la paroi et la regarde dans les yeux. Au Japon, les filles adorent ça.

Basbasa arabe
Lorgner de tous les côtés, jeter des regards de dragueur.

Piropo espagnol
Un compliment galant, spirituel ou sexuellement explicite qu'on fait dans la rue.

Gnocca argot italien

Le « vagin », une femme très séduisante, si belle et attirante qu'on a envie de la croquer comme des gnocchis. On crie dans la rue, en passant à côté d'elle, à quel point elle est une *gnocca*.

Tantalizing anglais

Terriblement tentant, mais inaccessible.

Tettona italien

Une femme avec des gros seins.

Chichóna espagnol mexicain

Aux seins très proéminents.

Ingrifato argot romain

Un homme très excité sexuellement par les femmes.

Sahar arabe

Passer une soirée de plaisir.

Altachbib arabe

Réciter des vers poético-érotiques à une ou plusieurs femmes.

Xiyyet dardja, Algérie

« Il est en train de coudre », se dit d'un garçon qui drague une fille, spécialement s'il lui parle longtemps.

Pagafantas espagnol

Un garçon qui paie tout à une fille qu'il drague, même si elle l'ignore superbement.

Izanagi japonais

L'homme qui invite.

Iznami japonais

La femme qui invite.

Quaintrelle anglais

La version féminine du dandy, une femme qui mène une vie de passions, de charmes et de plaisir.

Omou japonais

Penser tendrement, avec des battements de cœur, à une personne de l'autre sexe.

Uttorisuru japonais
Être fasciné(e), épris(e), enchanté(e) par un sentiment de charme et de beauté.

Urizanegao japonais
Un visage qu'on considère comme très beau.

Utsukushi japonais
Beau, joli, agréable, élégant, splendide, magnifique, aimable et noble de cœur.

Mozzafiato italien
Quelqu'un ou quelque chose d'irrésistible, de si beau qu'il nous coupe le souffle.

Rigardaĉi espéranto
Regarder bouche bée.

Amaranthine anglais
Qui ne peut pas mourir, éternellement beau.

Bishōnen japonais

Un jeune garçon dont la beauté et le charme transcendent les frontières du genre et de l'orientation sexuelle.

Yaeba japonais

Quand une canine est recourbée vers l'intérieur. Au Japon c'est considéré comme « cool ».

Wabi-sabi japonais

Chercher la beauté dans les imperfections, une beauté incomplète.

LES TRAVESTIS

Ladyboy thaïlandais

Une « dame garçon », les Anglais cherchaient une raison de coloniser le royaume de Siam. Seule l'homosexualité très voyante dans les rues pouvait leur servir de prétexte. Le roi de Siam demanda aux couples homosexuels que l'un des deux partenaires se déguise en femme. Grâce aux *ladyboys*, Siam – la Thaïlande – n'a jamais été colonisée.

Okama japonais

Un homme travesti en femme.

Queer anglais

Une identité sexuelle liquide, féminine ou masculine selon l'envie.

Onabe japonais

Une femme travestie en homme.

Arenari tulu, Inde

Une personne habillée en partie comme un homme, en partie comme une femme.

Hijras ourdou et bengali, Inde

Des garçons émasculés pendant l'enfance ou l'adolescence. Ni hommes ni femmes, ils représentent un troisième sexe. Habillés en sahri et coiffés comme des femmes, les *hijras* frappent des mains très fort pour effrayer la population car le claquement de leurs mains rappelle le claquement des corps pendant un rapport sexuel. Leur castration leur confère un pouvoir de fertilité. Ils vont aux mariages pour prédire que le couple sera fertile en se faisant payer. Ils peuvent aussi jeter le mauvais œil quand ils sont en colère.

LE MAUVAIS ŒIL

Gufare italien
Porter malchance.

Néhorè yiddish
Le mauvais œil.

Ulkapata tulu, Inde
La chute d'une météorite, considerée comme un mauvais signe.

Básáñáajáwu mandinka, Sénégal
Un petit lézard d'une espèce peu commune, réputé porter malheur.

Dabári mandinka, Sénégal
Nuire au moyen de pratiques magiques.

Kórítee mandinka, Sénégal

Un poison magique qu'on peut activer à distance.

Haarandi mandinka, Sénégal

Une maladie provoquée par la magie, ça se manifeste par le gonflement de la joue.

Nàm haïtien

Le principe vital qui anime les hommes, les animaux ou les insectes. Il peut être recueilli, au moment de leur mort, en poudre ou en eau et être utilisé dans des pratiques d'agression.

LES MONSTRES

Palatyi bantou, Angola

Une créature mythique, massive et redoutable, qui griffe à la porte.

Sigbin tagalog, Philippines

Un carnivore qui révèle son vrai visage quand il capture un être humain.

Mononoke japonais

Une « chose étrange », un monstre, un fantôme, ou tout événement qui ne peut être rationnellement expliqué.

Yōkai japonais

Un « esprit ou un fantôme, une apparition étrange », des créatures surnaturelles et des formes d'existence extraordinaires, mystérieuses, bizarres, étranges et sinistres du folklore japonais.

Ogumo japonais

Une araignée géante, une des formes que peut prendre un *yōkai*.

Bakeneko japonais

Un monstre chat qui crache des boules de feu, hante un foyer et peut dévorer son maître. La superstition ne laisse pas approcher un chat d'un cadavre car il pourrait être un *bakeneko* et, en sautant sur le mort, le ramener à la vie.

Meikon japonais

Le « mariage des ténèbres », un mariage fantastique entre une femme et un être surnaturel – un serpent, un cerf, un loup, un bœuf sacré, l'esprit d'un mort, un revenant – qui vient la visiter à la faveur de l'obscurité.

Manhouli toupory, Afrique

La « mère de la mort », la mort cruelle, sans cause. *Manhouli* c'est l'ogresse anthropophage qui se métamorphose sans cesse, capable de tuer et de dévorer les bébés non sevrés. C'est pourquoi les mères lui sacrifient des brebis, des poulets, des agneaux.

Lougarou haïtien

Dans la culture vaudou, le loup-garou ne peut être qu'une femme capable de se transformer en bête, en chat ou en serpent, pour agresser les enfants.

Wewe indonésien

Le fantôme d'une femme très moche avec les seins tombants.

Bodach gaélique écossais

Le fantôme d'un vieux qui sort des cheminées pour faire peur aux enfants pas sages.

Njounjou toupory, Afrique

L'esprit mauvais qui sert à faire peur aux enfants pas sages.

L'ANÉANTISSEMENT

Pitchipoï yiddish

C'est le « trou du cul du monde », comme le décrit Henri Raczymow, le « Pays de Nulle Part », le surnom d'Auschwitz-Birkenau pour les enfants du camp de la mort : « Nom d'un lieu hors la loi, d'un lieu expulsé par l'anus hors du corps de la loi humaine, où cette loi n'opère plus, excrément inouï, sans nom jusqu'alors. »

Bonga santali, Inde

L'esprit d'un lieu auquel on est obligé de se confronter.

Shoah hébreu

Le grand malheur, le brouillard et la noirceur où on ne distingue plus rien. C'est le vide, le désert après que toutes les racines ont été arrachées. Il y a anéantissement complet des corps, et donc aucun avenir, car chez les juifs c'est à partir des ossements qu'une résurrection est possible.

Hibakusha japonais

Les « personnes affectées par l'explosion », les survivants exposés aux radiations nucléaires des bombes atomiques tombées en 1945 sur Hiroshima et Nagasaki.

Loubbed touareg

Être anéanti, s'anéantir. Être réduit à néant, de telle manière qu'il ne reste absolument rien. Comme le monde peut être anéanti par Dieu en un instant, les hommes par le déluge, les maisons, les forêts, les récoltes par un incendie.

Weltschmerz allemand

La douleur du monde, la douleur pour le monde.

Karat arménien

Le manque profond des gens et des lieux qu'on a aimés.

Mizpah hébreu

Un profond lien émotionnel, surtout si les êtres sont séparés par la mort.

Dustsceawung vieil anglais

La « contemplation de la poussière », regarder les gens puis penser aux civilisations passées et savoir que de toute façon on redeviendra poussière.

Heliiet touareg

La terre qui engloutit les âmes et leur sert de tombeau. Un homme qui engloutit sa fortune. Une souris, un serpent, un scorpion qui s'enfonce dans un trou et disparaît. Un nuage qui s'enfonce dans le lointain. Une personne qui marche, s'enfonce derrière une dune. Le soleil, la lune, les étoiles qui s'enfoncent au-dessous de l'horizon. Une grenouille, un poisson qui plonge dans l'eau. Le désert qui engloutit les gens et les fait périr de soif.

Angelitos espagnol mexicain

Les « petits anges », des enfants morts en bas âge – entre le baptême et l'âge de raison. On croit que leur âme pure entre directement au paradis. Leur mort est l'occasion d'une fête. Leur corps est soigneusement préparé, maquillé, orné de bijoux, habillé de vêtements précieux et conduit au cimetière avec un orchestre de mariachis jouant des valses à la trompette.

Jilminy wagiman, Australie
Un enfant mort.

Bonotoo mandinka, Sénégal
Une femme qui a perdu ses enfants.

Thakla arabe
La « mère qui a perdu son fils », un « veuvage » maternel qui ne s'applique qu'aux garçons, une mère ne peut être *thakla* d'une fille.

Shakoul hébreu
La mère ou le père d'un fils mort à l'armée.

Shakoula hébreu
La mère ou le père d'une fille morte à l'armée.

Arumuriyoduni tulu, Inde
Pleurer avec de fortes lamentations, des cris.

Kaddish hébreu
La prière de celui qui pleure un mort.

Accidia anglais
Être incapable de penser ou d'agir à cause d'une tristesse excessive.

Jepnaisuang thaïlandais
La douleur à la poitrine.

Futokoro japonais
La lourdeur dans la poitrine quand on a le cœur brisé.

Heartbreaking anglais
Qui fend le cœur.

Alyatm arabe
L'obsession de l'autre qui rend orphelin.

Dukka sanskrit, Inde
La souffrance essentielle, physique, morale, un sentiment d'impuissance, de frustration, de privation, d'inutilité sur cette terre.

Aerekjær norvégien
Une fierté excessive, extrême qui peut pousser quelqu'un à mourir plutôt qu'à demander de l'aide.

LA PROTECTION

Caim écossais
Un cercle invisible de protection dessiné à la main autour d'un être pour lui rappeler qu'il est aimé et porté, même dans les temps les plus noirs.

Etter touareg
Demander par la prière quelque chose à Dieu, n'importe quoi.

Hijáabu mandinka, Sénégal
Des paroles magiques qui protègent.

Cwtch gallois
Une étreinte très rassurante, qui nous fait nous sentir protégé.

Idumbulu tulu, Inde
Se prendre dans les bras et se serrer très fort l'un contre l'autre.

L'AMI

Lánnámoo mandinka, Sénégal
Quelqu'un sur qui on peut vraiment compter.

Filotimo grec
« L'amour pour l'honneur. » Il y a de la dignité, de la fierté dans ce mot. D'après le philosophe Thalès, « *Filotimo*, pour un Grec, c'est comme respirer. Un Grec n'est pas un Grec sans cela. Il pourrait tout aussi bien ne pas être en vie. »

Ah-un japonais
Le « début et la fin de quelque chose », la communication muette entre des amis très proches.

Haragei japonais
Une communication viscérale, indirecte, non verbale.

Cuaderno espagnol mexicain
Un ami de confiance.

Kullootéeri mandinka, Sénégal
Un ami intime.

Alkhoulla arabe
L'amour et l'amitié mêlés.

Hadia éthiopien
La « présence », cette passion qu'on éprouve à son corps défendant pour un autre, même pour un ancêtre dans un autre monde, une autre époque. Car seul l'amour peut briser la loi de l'espace et du temps.

UNE LUEUR LA NUIT

Yakamoz turc
Une lueur dans l'obscurité.

Kawaakari japonais
La lueur d'une rivière dans la nuit.

Llarne basque
Le disque de lumière de la lune.

Mangata suédois
Le reflet de la lune qui trace un chemin sur l'eau. En turc, on appelle ça *gumusservi*.

Amanecer espagnol
C'est encore la nuit mais l'aube est en train de poindre.

LE JOUR SE LÈVE

Ăhôkhak touareg
Le petit jour après l'apparition des premières lueurs blanches dans le ciel.

Albeggiare italien
Le jour se lève.

Komorebi japonais
L'effet du soleil qui filtre à travers les arbres. Le jeu entre la lumière et les feuilles, leurs ombres au sol.

DANS LA FORÊT

Abarraki basque
Un lieu ombragé où se réfugient les bêtes à cornes.

Ēkkâr touareg
Un rayon de soleil dans un lieu où règne l'ombre. Une éclaircie entre les feuilles.

Menapo muara jambi, Indonésie
Le refuge des biches pendant les crues de la Batanghari qui submergent les villages sous plus d'un mètre d'eau. Les animaux de la forêt s'y réfugient comme dans une arche de Noé.

Baztan basque
Un lieu reculé, âpre et sauvage.

Aśhrama sanskrit, Inde
Un endroit retiré dans la forêt ou sur la montagne où se réfugient les ascètes pour méditer et prier.

Waldeinsamkeit allemand
Être seul dans la forêt dans un sentiment magnifique, apaisant, poétique, lyrique, amoureux, libre, infini.

Walkabout pidgin australien
Le rite de passage des Aborigènes qui, à 13 ans, partent survivre seuls dans la nature, loin de leur famille. À leur retour, ils sont considérés comme des adultes. C'est ce qu'on voit dans *Walkabout*, un film formidable de Nicolas Roegg.

Ortxinga basque

Les rayons intermittents du soleil.

Yángsuì chinois

Le « miroir du soleil », un miroir ancien utilisé pour concentrer les rayons du soleil et enflammer des petites branches de bois.

Khvorost russe

Du bois mort, du petit bois.

Podjigat' russe

Mettre le feu.

Yeri tulu, Inde

La chaleur d'un feu ou un vent chaud et étouffant.

Ăfrekrek touareg

Un petit bruit de craquement.

Kaa'boc tupi, Brésil

Qui vient de la forêt.

Holzsparkunst allemand

L'art de sauver les bois et les forêts.

Urwald allemand
La forêt vierge.

Basajaun basque
Le seigneur de la forêt représenté par l'ours.

Capoeira portugais brésilien
Un champ abandonné devenu forêt. Les esclaves en fuite s'y entraînaient à la danse de combat appellée *capoeira* contre les expéditions punitives des colons portugais.

LES DANSES DE COMBAT

Ponteira portugais brésilien
L'« aiguille », un coup de pied frontal porté à l'adversaire avec la pointe du pied, utilisé dans la *capoeira*.

Bênção portugais brésilien

La « bénédiction », un coup de pied frontal porté à l'adversaire avec le plat du pied utilisé dans la *capoeira*.

Toyi-toyi xhosa et zoulou, Afrique du Sud et Zimbabwe

Une danse de protestation contre l'oppression. Ça commence avec les pieds qui foulent le sol. Un chef crie « Amandla ! » (Pouvoir !) et la foule répond « Awethu » (À nous !) Et ça devient une manifestation dansée. Venu du Zimbabwe, le *toyi-toyi* a souvent intimidé l'armée sud-africaine pendant l'apartheid.

Gumboot afrikaans, Afrique du Sud

La « botte de caoutchouc », une danse née durant l'apartheid. Les conditions de travail des mineurs noirs d'Afrique du Sud étaient terribles, ils étaient enchaînés dans l'obscurité et réduits au silence. Ils ont créé un langage fait de claquements de bottes et de chaînes. Cette danse de rébellion reparaît régulièrement en Afrique.

Khawuleza xhosa, Afrique du Sud

Myriam Makeba l'a chanté, « C'est un mot qui vient des townships où vivent les Noirs. Les enfants crient depuis la rue quand ils voient les voitures de police arriver : "*Khawuleza mama* !", "Dépêche-toi maman ! S'il te plaît ne les laisse pas t'arrêter !" »

Kancini tulu, Inde

Une femme qui danse.

LA FÊTE

Jol afrikaans, Afrique du Sud

Une fête assez particulière. Quand ils se sentaient en danger, les militants anti-apartheid, avant d'entrer en clandestinité ou d'être arrêtés, invitaient tous leurs amis à *jol* : danser, boire, s'amuser une dernière fois. Aujourd'hui, on dit encore *jol* pour faire la fête.

Mbukimvuki bantou

Enlever ses vêtements pour danser librement.

Kut coréen
Une performance de transe spirituelle où on enlève ses vêtements comme si c'étaient des esprits à chasser.

Birh-ma wagiman, Australie
Danser en bougeant les fesses.

Desbundar portugais
Faire tomber ses inhibitions pendant qu'on s'amuse.

Butterfly jamaïcain
Une danse d'hommes qui ouvrent et ferment leurs jambes comme des papillons.

Tsukimi japonais
Passer une nuit blanche à s'enivrer et à contempler la pleine lune.

Bundalele argot brésilien
Faire la fête jusqu'au matin, se laisser aller.

Nightclubbing anglais
Passer la nuit à danser en boîte.

Guateque espagnol mexicain

Une fête très bruyante qui dure toute la nuit.

Movida espagnol

Un tourbillon de fêtes, de virées dans les boîtes de nuit, les bars, les restaurants.

Forrobodó portugais

Une grande fête où on s'amuse sans limite.

Nataraja sanskrit, Inde

Le roi de la danse, l'un des noms de Shiva.

Bayadère hindi, Inde

La danseuse sacrée.

Shilambu hindi, Inde

Un bracelet de cheville en argent porté par les danseuses indiennes, sa matière est creuse et contient une bille qui fait grelot.

Nûpura hindi, Inde

Les bracelets ornés de nombreux petits grelots, que les danseuses indiennes portent autour des chevilles afin de bien marquer les « pas » qu'elles font.

Chalan-Gâthan hindi, Inde
Une danse au rythme très rapide, où les danseurs tournent sur eux-mêmes, virevoltent et sautent, tout en chantant des chants dévotionnels.

LA JOIE

Eudaemonic anglais
Qui produit du bien-être et du bonheur.

Livsnjutare suédois
Celui qui aime profondément la vie et la vit jusqu'à l'extrême.

Kilig tagalog, Philippines
La joie et l'excitation après un moment romantique.

Sanuk thaïlandais
Chercher de la joie dans tout ce qu'on vit.

Ichigo-ichie japonais
Chérir chaque instant et chercher à le rendre inoubliable.

Hozhoni navajo, Amérique du Nord
Pour les Navajos, apparentés aux Apaches, c'est une façon de voir qui irradie la joie dans l'Univers. C'est un regard qui capte la beauté de la vie, de la nature et la projette sur le monde.

Abhiratî sanskrit, Inde
Le « royaume plein de joie », une terre mythique située à l'est de l'Univers.

Khalyava russe
La joie éprouvée quand on est prêt à payer quelque chose et que ça nous est offert. On est invité ! Ce que l'argent ne peut acheter, la vraie jouissance. *Khalyava* est un des mots préférés des Russes.

Bas-bhualadh gaélique écossais
Applaudir de joie.

Khokot russe
Un gros éclat de rire.

Kashr farsi
Montrer ses dents en riant.

Tagliarsi ou Sganasciarsi argot romain
Rire beaucoup, énormément, jusqu'à avoir les coins de la bouche fendus.

Sekaseka bemba, Congo et Zambie
Rire sans raison.

Abderian anglais
Un fou rire.

Kitikiti tulu, Inde
Le bruit produit par un rire ou un grincement.

Nieśmiały polonais
Quelqu'un qui ne rit jamais.

Tosikko finnois

Une personne sans humour, incapable de supporter une blague.

Maakuyantee mandinka, Sénégal

Une personne de mauvaise humeur.

LES COLÉRIQUES

Chichicastle espagnol mexicain

L'« arbuste aux poils urticants », une personne colérique, irritable.

Panibrat russe

« Maître et frère », quand quelqu'un nous tutoie sans nous connaître, nous donne des ordres comme si c'était son droit tout en nous traitant soi-disant en frère. Ça nous met hors de nous.

Malacopa espagnol mexicain

« Avoir le vin mauvais », être agressif quand on a bu.

Nggregeli indonésien
Faire tomber quelque chose parce qu'on est nerveux.

Geragas malais
Se peigner les cheveux quand on est en colère.

Mencakmencak indonésien
Taper des pieds sur le sol de façon répétée quand on s'énerve.

Retsikhè yiddish
Une colère noire, une envie de tuer.

Mukamuka japonais
Être tellement en colère qu'on a envie de vomir.

Platzen allemand
Être poussé à bout, au point de rupture, prêt à exploser ou tomber à l'eau.

Ngaobera pascuense, île de Pâques
Une légère inflammation de la gorge quand on a trop crié.

Vinegar argot sud-africain

Être « plein de vinaigre », s'en prendre aux autres à cause de son insécurité, de ses complexes.

Karoröm hongrois

Le « bonheur que l'autre perde », quand la douleur de l'autre vous rend heureux.

Schadenfreude allemand

Le plaisir de voir le malheur d'un autre, surtout quand on ne l'aime pas.

Chamita arabe

Se réjouir du malheur de quelqu'un.

Zoilist anglais

Une personne qui juge, qui trouve un plaisir à pointer les faiblesses, les fautes des autres.

Floccinaucinihilipilification anglais

Un jugement qui retire toute valeur à un être ou à un évènement, qui le réduit à rien.

Istakhra arabe

Sous-estimer de façon méprisante quelqu'un ou quelque chose.

Inat serbe

Blesser l'autre et se faire du mal en même temps parce qu'on est têtu.

Backpfeifengesicht allemand

Quelqu'un qui mérite et même qui aurait besoin d'une gifle en plein visage.

Táwúntee mandinka, Sénégal

Une personne qui fait délibérément du mal.

Inapu tulu, Inde

Un tempérament démoniaque.

Alghoullah arabe

Une haine inextinguible, une soif intense ou un puissant désir.

Hiqd arabe

La rancune profonde, qui dure des années et qui appelle à la vengeance. On en veut à quelqu'un et on est capable de le poursuivre toute sa vie.

Chingada espagnol mexicain

Un lieu diabolique, imaginaire, lointain, où on envoie tous ceux à qui on en veut.

Bal-fantazyé yiddish

Avoir une imagination trop riche.

Sciamachy anglais

Se battre contre des ennemis imaginaires, contre sa propre ombre.

Nemesism anglais

Une frustration ou une agression dirigée contre soi-même.

Ngili lingala, Congo

« Sous peine de malheur ».

Rajas sanskrit, Inde

L'énergie qui jette l'homme dans la douleur et la passion.

Hassliebe allemand

Le mélange d'amour et de haine. Une oscillation permanente.

Anoesis anglais

Quand on éprouve des sensations sans vraiment les comprendre.

L'ART

Dhvani sanskrit, Inde

La « suggestion », tout ce qui, dans les arts, la danse, la musique, l'expression plastique, ne peut être décrit par des mots.

Rasa hindi, Inde

La « sève », ce que le public éprouve en faisant l'expérience d'une œuvre. Ces sentiments intuitifs, superposés à l'œuvre, procurent parfois une joie ineffable. Il y a neuf états du spectateur, neuf *rasa*.

Shringâra hindi, Inde
Le premier état du spectateur – premier *rasa* : l'amour ou la passion érotique.

Hâshya hindi, Inde
Le deuxième état du spectateur – deuxième *rasa* : le comique et l'humour.

Kuruna hindi, Inde
Le troisième état du spectateur – troisième *rasa* : les larmes et la solitude.

Raudra hindi, Inde
Le quatrième état du spectateur – quatrième *rasa* : la colère et la furie.

Vîra hindi, Inde
Le cinquième état du spectateur – cinquième *rasa* : le sentiment héroïque.

Bhayanaka hindi, Inde
Le sixième état du spectateur – sixième *rasa :* le froid et la terreur.

Bîbhtsa hindi, Inde
Le septième état du spectateur – septième *rasa :* le dégoût et la répulsion.

Adbhûta hindi, Inde
Le huitième état du spectateur – huitième *rasa* : l'émerveillement.

Shânta hindi, Inde
Le neuvième état du spectateur – neuvième *rasa :* la paix et la sérénité.

Sprezzatura italien
« Le vrai art est celui qui ne semble pas être un art », selon Baldassare Castiglione. La *sprezzatura* c'est rendre tout léger, naturel, nonchalant, même les choses les plus ardues. C'est l'une des caractéristiques de l'art de la Renaissance, une façon de fuir l'affectation.

Eikon grec ancien

L'art de la ressemblance, la reproduction fidèle des dieux et des déesses. De là vient le mot « icône ».

Niśhâ hindi, Inde

Une niche destinée à contenir une image de la Divinité.

Gongen japonais

Un « avatar », la manifestation temporaire des dieux qui sont censés apparaître aux Japonais dans le but de les sauver.

Suijaku japonais

La forme visible d'un dieu, son apparence extérieure.

L'ILLUSION

Eidôlon grec ancien

Une image porteuse d'illusions, ce qui se montre dans un miroir et qui en réalité n'y est pas, les phantasmes, le portrait des absents, l'ombre des morts, leur effigie.

Meloumelou touareg

Tout ce qui réfléchit la lumière en produisant des reflets tremblants : l'eau, un mirage, un verre, un métal poli, une étoffe satinée, un objet verni, une surface luisante de peau, de papier ou la robe lustrée d'un cheval.

Emphasis grec ancien

C'est une pure apparence qui peut se réduire à de simples taches de couleur, à un arc-en-ciel, au reflet du soleil dans les gouttelettes d'un nuage. Ça ressemble aux apparitions dans nos rêves, à une image qui n'a pas vraiment d'existence et qui tremble dans l'eau au moindre souffle.

Phantasma grec ancien

Une image en trompe-l'œil.

Scheissbedauern allemand

La déception quand une chose n'est pas comme on l'attendait.

Kalopsia grec

La désillusion quand on s'aperçoit que quelqu'un ou quelque chose de beau l'est moins qu'on le croyait.

Bakkushan japonais

Une fille jolie seulement de dos.

Ageotori japonais

Quand on est moins beau en sortant de chez le coiffeur qu'en y entrant.

Won coréen

La difficulté à renoncer à ses illusions.

Koro chinois

La croyance hystérique que son pénis est en train de rétrécir. Une épidémie de *koro* est apparue à Singapour en 1967, suite à une vente de viande avariée, créant une panique collective. Une autre a frappé la Chine, liée à une rumeur d'un esprit errant voleur de pénis.

Lingam sanskrit, Inde
Le symbole d'un pénis en érection considéré comme un objet de vénération.

Swaffelen néerlandais
Frapper son pénis, souvent et de façon répétée, contre un objet ou un corps. Mot de l'année en Hollande en 2008.

LES INSULTES

Droplul néerlandais
« Pine de réglisse », une insulte ou une friandise en forme de pénis.

Likpasaa tibétain
« Suce ma bite ! »

Agharpo grec
« Suce la tienne ! »

Muista roumain
« Suceuse de bite ».

Schnäbiläacker suisse allemand
« Suceur de bites ».

Cpotteflécker alsacien
« Rafistoleur de capotes ».

Caracollons catalan, Espagne
« Face de couilles ».

Rendisuda assamais, Inde
« Je vais te couper les couilles ! »

Go-ja coréen
« Homme sans bite ! »

Weshela amharique, Éthiopie
« Petite bite ! »

Kyrvänsyylä finnois
« Verrue sur la bite ! »

Szarosfaszú hongrois
« T'as de la merde sur la bite », « t'es un pédé ».

Poliarhido grec
« Vieille couille ».

Bawbag écossais
« Peau de couille », « crétin ».

Schafsecku suisse allemand
« Couilles de mouton ».

Zakkewasser néerlandais
« Laveur de couilles ».

Klootzak néerlandais
« Sac de couilles », « enflure ».

Nakhouille argot russe
« Va dans le pénis ! » Ce mot est interdit à la télévision et à la radio. Mal utilisé, il peut entraîner les coups ou la mort. On ne rigole pas avec l'argot, en Russie, ça se vit, ça se mérite.

Dickhead anglais

Une tête de nœud ou une tête de bite.

Péló argot hongrois

« Espèce de pénis », un individu stupide et antipathique.

Shmok yiddish

En français, on utilise le sexe féminin pour dire « con », en yiddish on dit *shmock*, « pénis ».

Ambosh ouzbek

« Un vagin à la place de la tête ! »

Pizda ukrainien

« Chatte poilue ! »

Ghjattasecca corse

« Chatte sèche ! »

Karapillu finnois

« Chatte boueuse ! »

Ahchounimek arabe, Maghreb, Comores, Djibouti, Érythrée, Soudan, Tchad

« La chatte de ta mère ! »

Hawimouk tamazight, Maroc et **Mamrd** tchèque

« Baise ta mère ! »

Patrinfikulo espéranto

« Va niquer ta mère ! » En anglais, c'est « *motherfucker* ».

Pamrd tchèque

« Baise ton père ! »

Afatottari islandais

Baiseur de grands-pères.

Maire malayalam, Inde

« Poil de cul ».

Oarschwarzn allemand autrichien

« Verrue de ton cul ».

Takhnak kabyle agérien

« Ton cul ! »

Cacaliki créole, La Réunion, île Maurice, océan Indien

« T'as le cul sale ! »

Anusridder néerlandais

Chevalier du fion.

Gorongoza shona, Zimbabwe

« Fissure d'anus ».

Ngquzab zoulou, Afrique du Sud

« Trou du cul ! »

Pisoute tamoul, Sri Lanka, Inde, Singapour, Fidji, Malaisie

« Cul mal lavé ».

Caracul catalan, Espagne

« Face de cul ».

Facciaccia corse

« Tête de cul ».

Bhebha zoulou, Afrique du Sud

« Tu fais chier ! »

Schluchtenscheisser allemand, Autriche
« Chieur de montagne ».

Kúkulabbi islandais
Une merde sur deux jambes, un connard.

Gnojek argot polonais
Une petite merde, un connard.

Cerote espagnol guatemaltèque
Un morceau de merde, un connard.

Melelo konkani, Inde
Un cul plein de merde.

Siko tongien, Royaume des Tonga, océan Pacifique
Un tas de merde.

Schnüffler allemand
Un fouille-merde.

Govnoyed russe
Un mangeur de merde.

Boujkaka russe
Une vieille merde.

Goruboei dhihevi, Maldives
« Bois de la pisse ! »

Dagapsi géorgien
« Je te pisse dessus ! »

Hlandbrenndu islandais
« Que ta pisse s'enflamme ! »

Pissenelke suisse allemand
« Urine de fleur », un relou.

Pishèr yiddish
Un « pisseur », un mec sans expérience qui fait encore pipi dans sa culotte.

Péchchā pendjabi
Une compétition entre deux hommes qui pissent dans le même urinoir, celui qui finit de pisser en premier a perdu.

Toz arabe

« Laisse pisser, on ne va pas se laisser impressionner pour si peu ».

LES MAUVAISES HABITUDES

Andazzo italien

Prendre de mauvaises habitudes.

Kuse japonais

Une faute récurrente, une mauvaise habitude difficile à corriger.

Sitzpinkler allemand

Un homme qui urine assis.

Limacine anglais

Comme un mollusque.

Würstchen allemand

Diminutif de « saucisse », un petit mec insignifiant.

Carnitas espagnol mexicain
Des « viandelettes », du porc cuit dans sa propre graisse dans une grande marmite.

Kiosses iakoute, république de Sakha
La distance qu'on peut parcourir pendant que la viande cuit.

Aforcing anglais
Ajouter du riz ou du grain à un plat pour faire manger plus de gens.

Bóoríjámba mandinka, Sénégal
La croûte de riz collée au fond de la marmite.

Kohldampf allemand
Du « chou bouilli », être dans un état de faim extrême, expression empruntée à l'argot des soldats.

Riq arabe
De la salive sur un estomac vide.

Fúufuu mandinka, Sénégal
Se jeter sur la nourriture.

Parmaklamak turc
Manger avec les doigts.

Kínímóndo mandinka, Sénégal
La quantité de nourriture qu'on peut prendre dans sa main.

Dedear espagnol mexicain
« Doigter », laisser des traces de doigts ou se masturber avec les doigts.

Pelinti buli, Cameroun
Bouger la nourriture dans sa bouche parce qu'elle est trop chaude.

Batrachophagous anglais
Quelqu'un qui mange des grenouilles.

Tinga iban, Bornéo
Un bout de nourriture coincé entre les dents.

Pakupaku japonais
Prendre de grandes bouchées de nourriture, d'une façon répétée.

Akgarljakgarl-ma wagiman, Australie
Manger en faisant du bruit.

Moreish anglais
De la nourriture qu'on a du mal à s'arrêter de manger une fois qu'on a commencé.

Jamar espagnol mexicain
Manger avec voracité.

Prorva russe
Quelqu'un qui n'en a jamais assez, qui a tout le temps faim et peut tout manger et même s'en remplir les poches.

Bhuk-kar hindi, Inde
Quelqu'un qui mange dans l'assiette des autres mais ne partage jamais la sienne.

Arivlna tulu, Inde

Une assiette en métal ou n'importe quelle petite graine ou les testicules.

Betsubara japonais

Un « estomac en plus », les femmes et les enfants qui ont toujours de la place pour un dessert.

Leykech yiddish

Une spécialité juive de l'Est, une génoise très aérée cuite dans un moule dit « palestinien ».

Mochi japonais

Une pâte souple et légèrement collante en forme de petite boule fourrée d'*azukis*, la purée de haricots rouges ou blancs.

Garibaldi espagnol mexicain

Un pain sucré moelleux, fourré à la confiture d'abricot et recouvert de grains de sucre.

Makowiec polonais

Une brioche roulée au pavot.

Cannolo italien

Un « petit tube », un gâteau sicilien fait d'une croûte de pâte frite en forme de coquille remplie de farce sucrée à base de ricotta.

Kenafeh arabe libanais

Une pâtisserie à base de fromage fondu, servie tiède avec un sirop de sucre.

Shemomedjamo géorgien

On se sent plein mais le repas est si délicieux qu'on ne peut pas s'arrêter de manger.

Kolak indonésien

Un dessert à base de lait de coco, de sucre de palme et de feuille de pandanus.

Anugadi tulu, Inde

La partie inférieure d'une noix de coco.

Pisanzapra malais

Le temps nécessaire pour manger une banane.

Mapasa lingala, Congo

Des bananes jumelles.

Banaanasúñju mandinka, Sénégal
Un régime de bananes.

Sobremesa espagnol
Quand on reste à table après le déjeuner pour savourer une dernière discussion entre amis.

Jung coréen
Un sentiment très spécial, plus fort que l'amour, quand l'amitié a survécu à d'innombrables discussions.

Tretar suédois
La troisième fois que l'on se ressert du café dans la même tasse.

Fika suédois
Prendre une pause pour boire un café et manger une sucrerie entre amis. C'est l'occasion d'une rencontre, d'une discussion, d'un moment ensemble. Ce rituel est une institution en Suède.

Cafetero espagnol mexicain
Quelqu'un qui boit beaucoup de café.

Kahba arabe irakien

Un mix du mot « prostituée » et du mot « café ». Une manière polie de dire « prostituée » ou effrontée de dire « café ».

Harimtou éthiopien

La « prostituée sacrée », la femme libre dans un monde où la sexualité civilise. En Mésopotamie, les jeunes filles ne devaient pas être vierges à leur mariage. Elles rencontraient des étrangers de passage dans des temples dédiés à la déesse Inana. On surnommait ces temples les bordels. Dépucelées, elles revenaient se marier chez elle.

Mut'a arabe

Un « mariage temporaire de plaisir », un mariage musulman pour une durée déterminée, souvent considéré comme une couverture pour la prostitution.

Iveco lingala, Congo

Une fille infatigable qui fait le trottoir.

Maita letton

Une « carcasse morte », une putain.

Sufkut néerlandais

Une pute emmerdante.

Huoripukki finnois

« Une pute à chèvres ! », un gigolo.

Shaoye chinois

Les « petits messieurs ». Ils vendent des services sexuels à une clientèle exclusivement masculine. Ces jeunes hommes, d'origine rurale, souvent peu éduqués, sont estimés à 20 000 en Chine.

Madame anglais

La propriétaire d'un bordel.

Pappone, magnaccia argot romain

Un « très gros mangeur », un maquereau ou une personne qui vit du travail d'autrui.

Hijueputa espagnol colombien

Un fils de pute.

Kidjibaï coréen

Une espèce de chien de fils de pute.

LES ENFANTS

Mamzèr yiddish

Un « bâtard », le fruit d'une union illicite. Si la mère est mariée à un autre homme, le *mamzèr* est exclu du peuple juif. Pourtant on dit que les *mamzèr* sont plus doués et plus beaux que les autres car ils sont les enfants du désir et ne comptent que sur leurs qualités physiques et morales, jamais sur leur ascendance. On les dit malins. *Mamzèr* est aussi un mot d'amour qu'une mère a pour son enfant le plus charmeur et turbulent.

Bully anglais

La terreur de la cour de récréation.

Rantipole anglais

Déchaîné et turbulent.

Kanudiŋ mandinka, Sénégal
L'enfant préféré.

Wunderkind allemand
Un enfant prodige.

Skinship anglicisme japonais
L'intimité, la proximité entre une mère et son enfant.

Wo-mba bakweri, Cameroun
Le sourire d'un enfant qui dort.

Toddler anglais
Un enfant qui commence à marcher.

Yirhouss hébreu
Un « fils de… », se dit quand il y a une noblesse d'origine, le fils d'un grand rabbin ou d'un génie.

Halaaladiŋ mandinka, Sénégal
Un enfant légitime.

Kari'boca tupi, Brésil
Le fils de l'homme blanc.

Kyoikumama japonais
Une mère qui pousse avec acharnement son enfant vers la réussite académique.

Eomchina coréen
La contraction du « fils de l'amie de ma mère », constamment cité en exemple parce qu'il a plus de succès.

Kaelling danois
Une femme qui engueule ses enfants dans un endroit public, au supermarché, dans la rue, au bureau de poste.

Spank anglais
Donner une fessée.

Papirote basque
Un coup donné avec le doigt.

Paski tulu, Inde

La punition infligée à un jeune garçon, qui consiste à alterner les moments où il est assis et les moments où il est debout avec les bras croisés et les deux oreilles tirées.

Uhgoolham coréen

L'état émotionnel dans lequel nous met une accusation ou une punition injuste.

Tsuris yiddish

Un chagrin ou un problème, en particulier celui que seul un fils ou une fille peut créer.

Midoi muara jambi, Indonésie

Un des parents qui prend la défense de son enfant que les autres réprimandent.

Hahorim hébreu

Les « enseignants », c'est comme ça qu'on appelle les parents en hébreu.

Hanouè yiddish

Le plaisir et la fierté que procure un enfant qui ramène de bonnes notes, de bonnes nouvelles.

D'une manière plus large, *hanouè* est la satisfaction, la gratification d'une réussite liée à une action, un engagement, un travail.

Storge grec ancien

L'amour naturel, spontané des parents pour leurs enfants. Mais aussi l'amour résigné, comme celui qu'on éprouve pour un tyran.

Chib coréen

Le « ménage », la nécessité pour un jeune d'avoir l'approbation de sa famille pour prendre des décisions. Ses choix ne peuvent être individuels et ne doivent pas déshonorer la réputation de la famille.

Hyo coréen

La « piété filiale », la dévotion des enfants pour leurs parents et grand-parents. Cela fait partie du système social coréen selon lequel les enfants ne sont pas des individus séparés, mais une continuation de leurs parents à qui ils restent liés par un lien spirituel, émotionnel et intellectuel.

Chonjung coréen
Le respect pour la famille, spécialement pour le père, pour le genre masculin, les personnes plus âgées, les membres du gouvernement, les esprits et les divinités.

LES GAMINS DES RUES

Fantaŋ mandinka, Sénégal
Un enfant qui n'a pas de père.

Gatxixie basque
Un petit refusé par sa mère.

Báadáŋkátoo mandinka, Sénégal
Un enfant maudit par sa mère.

Throwaway anglais
« À jeter », un enfant ou un adolescent abandonné, vivant dans la rue ou un prospectus.

Padkidych russe
Un enfant abandonné.

Bántaŋ mandinka, Sénégal
Un enfant qui n'a pas de mère.

Baayoo mandinka, Sénégal
Un enfant dont la mère est morte peu après l'avoir mis au monde

Wakgawakga wagiman, Australie
Un orphelin ou quelque chose dont personne ne veut.

Chiclero espagnol mexicain
Un enfant des rues qui vend des chiclets, des chewing-gums, des bonbons.

Katukutu tulu, Inde
Le bruit quand on mâche un chewing-gum ou quand on mange quelque chose de dur.

Plombenzieher allemand
Un bonbon qui colle aux doigts.

Moleque portugais brésilien
Un gamin des rues.

Jeitinho portugais brésilien
L'intelligence de la rue, la créativité, les connections personnelles. C'est une méthode typiquement brésilienne, on utilise ses émotions, le chantage, les liens familiaux, les promesses, les récompenses ou l'argent pour obtenir ce qu'on veut.

LES VOYOUS

Malandro portugais brésilien
Un mauvais garçon, malicieux, voleur et escroc. Il est souvent agressif avec les femmes, tricheur avec les hommes. Il aime la vitesse. C'est l'anti-héros chanté dans les sambas. Fâché avec le travail et le système, il ne tient pas à blesser les autres, plutôt à tirer son épingle d'un jeu injuste, même si ses méthodes sont illégales et perverses.

Malandragem portugais brésilien

Le mode de vie malicieux du *malandro*, fait de petits crimes, de plaisirs et d'excitation. Dans l'imagination populaire, le *malandragem* est une série de stratagèmes qui permettent d'obtenir justice face aux institutions oppressives et corrompues.

Coatto argot romain

Un homme jeune, un peu grossier, arrogant, qui vit à la limite de la légalité, généralement en banlieue ou dans les faubourgs. Il n'aime pas travailler et passe son temps avec ses potes, au bar ou sur la place du village. Inquiet, allergique à la monotonie, hyperactif, il est excessif en tout, il a la passion du sport, des motos et des autos de course modifiées. Figure chère à Pasolini, notamment dans son chef-d'œuvre *Accatone*, on l'appelle *tamarro* dans le sud de l'Italie, *guappo* dans la région de Naples, *gaggio* en Sardaigne, *cozzalo* dans les Pouilles, *tascio* et *tarpo* en Sicile.

Scoattare argot romain

Se comporter comme un *coatto*. Par exemple rouler trop vite en se mettant sur la roue arrière de sa moto avec l'avant dressé vers le ciel, comme un cheval qui rue.

Yolo argot anglais
« *You only live once* », on ne vit qu'une fois.

Maranga argot romain
C'est la version négative du *coatto* parce qu'il est plus dangereux, inconscient, lâche et irresponsable. Il ne se sent fort qu'en bande et blesse ceux qu'il considère vulnérables.

Newskool jamaïcain
Des pas de danse qui expriment une menace adressée par un gang à un autre.

Badman jamaïcain
Des pas de danse très rapides avec les mains en forme de pistolet.

Lift jamaïcain
Un pas de danse où il faut sauter très haut avec les mains en forme de pistolet.

Fiftycaibers jamaïcain
Une danse où on a l'air de tirer à la mitraillette.

Killermachine jamaïcain
Des pas de danse en cercle, comme une machine qui tournerait en lançant plein de projectiles.

LES CAMBRIOLAGES

Algerining anglais
Rôder dans l'intention de commettre un cambriolage.

Szôszmötöl hongrois
Faire des petits gestes sans bruit.

Farlocco argot romain
La proie facile d'un vol à la tire ou quelque chose qui est faux, contrefait.

Cirugía espagnol mexicain
La « chirurgie », un vol qui consiste à subtiliser à quelqu'un son portefeuille en utilisant un petit couteau pour fendre le vêtement ou le sac où il se trouve.

Borseggio italien

Le vol à la tire.

Spezzi argot romain

De gros tournevis pour ouvrir n'importe quelle porte ou volet d'appartement.

Cristalazo espagnol mexicain

Briser une vitrine ou une vitre de voiture pour la voler.

Cristalero espagnol mexicain

Un voleur de voitures ou un réparateur de pare-brise et de vitres de voiture.

Carjacking anglais

Le vol d'une voiture en pleine rue, parfois avec prise d'otage du conducteur.

Mischief anglais

Un mauvais coup.

Lóŋka mandinka, Sénégal

Un fusil de fabrication artisanale.

LA POURSUITE

Heat anglais
Les flics lancés à la recherche de criminels.

Tailgate anglais
Coller au train, coller au cul.

Kídíkaŋ mandinka, Sénégal
Le bruit d'un coup de feu.

Julia espagnol mexicain
Un véhicule qu'utilise la police pour le transport des suspects.

Geisterfahrer allemand
Conduire en sens interdit.

Appalla argot romain
À toute vitesse, à toute puissance.

Whizz anglais
Passer à vive allure.

Zoom anglais
Passer en vrombissant.

Campanearse espagnol
Faire des tonneaux en voiture.

Infrociare argot romain
« Faire le pédé en entubant quelque chose », entrer en collision avec une voiture.

Ulykkesbilen danois
Une voiture détruite par un accident.

LA MORT VIOLENTE

Stamapare, stamparsi argot romain
Avoir un accident très grave, souvent mortel, au point de laisser l'empreinte de son corps sur l'obstacle.

Ersean basque
Entre la vie et la mort.

Petateada espagnol mexicain

Le fait de mourir. Vient de *pepate* qui est un tissu de palme où les Mexicains enveloppaient leurs morts avant de les enterrer.

Lawurt wagiman, Australie

Les vêtements qui ont appartenu à un mort.

Talkin indonésien

Murmurer des instructions aux morts.

Lilaka lingala, Congo

Pleurer la mort de quelqu'un.

Ahuku basque

Un cortège funèbre.

Nakite japonais

Une femme qui pleure.

Furujaayaa mandinka, Sénégal

Porter le deuil de son mari.

Verheult allemand
« Noyé(e) dans les kleenex », le visage gonflé et les yeux rouges d'avoir pleuré.

Ainolektros grec ancien
Marié(e) fatalement.

Minduri basque
Les personnes qui portent le deuil et marchent en tête du cortège funèbre.

Guhun chinois
Le rituel pour délivrer une victime de mort violente et éviter à son âme la souffrance d'errer dans les limbes.

Sitgimgut coréen
Un rituel pour laver les sentiments de rancune éprouvés par le mort au moment de son décès. Le chamane doit apaiser et purifier l'âme du défunt avant de l'aider à passer dans l'autre monde et rétablir l'harmonie au sein de sa famille et de sa communauté.

Dibbouk yiddish

Dans les légendes juives, le *dibbouk* est l'âme torturée d'un être mort trop tôt, avant l'heure prévue par Dieu. Son esprit s'empare d'un corps vivant durant le temps qu'il lui reste à vivre sur terre. Cette histoire est magnifiquement incarnée dans le film *Le Dibbouk* tourné en 1937 en décor naturel en Pologne. Les juifs des pays de l'Est ne nomment jamais un bébé d'après le nom d'une personne morte jeune sans enfants, de peur que son *dibbouk* ne s'empare du nouveau-né.

Hîtâ hindi, Inde

Le canal où l'esprit peut toucher le cœur et par lequel l'âme peut s'échapper du corps après la mort.

Antarâbhâva sanskrit, Inde

La période entre la mort et la renaissance, une sorte de purgatoire dans lequel l'âme se retrouve nue face à elle-même et doit subir certaines épreuves afin de se purifier.

Avîchî sanskrit, Inde
Le nom du plus terrible des « enfers chauds », celui qui est « sans fin », les coupables étant sans cesse soumis au processus de la réincarnation.

Kâlasutra sanskrit, Inde
Les « cordes noires », le nom du deuxième des huit enfers bouddhiques dans lequel les damnés sont attachés avec des chaînes en fer rougies au feu.

Prabha sanskrit, Inde
Dans la religion Jaina, c'est le nom collectif des sept enfers, celui des joyaux, du sable, de la douceur, de la boue, de la fumée, de l'obscurité et de la grande obscurité. Dans ces enfers, quinze sortes de démons torturent les âmes des damnés.

Preta sanskrit, Inde
Les fantômes, les esprits désincarnés des personnes décédées que leur karma a condamné à errer per-

pétuellement dans les mondes intermédiaires sans pouvoir se réincarner. Ils hantent les cimetières et sont affamés.

MANGER MAL

Pesamenteiro portugais

Quelqu'un qui ne va aux funérailles que pour manger.

Tunillattukkuuq inuit

Manger dans les cimetières.

Sheyketz hébreu

Un « rat mort dans la soupière », tout ce qui rampe et qui, en se mélangeant à de la nourriture, pervertit les règles alimentaires juives.

Goop anglais

Une « substance visqueuse », un plat horriblement mal cuisiné.

H'azzéraï yiddish

« Qui vient du porc », un aliment absolument immangeable. Quelque chose de dégoûtant, voire de répugnant.

Sobatchatina russe

La viande de chien consommée couramment dans l'URSS des années 20. Aujourd'hui, c'est juste de la mauvaise bouffe.

Worgole tulu, Inde

Un homme qui peut manger ou digérer n'importe quoi.

LES CHIENS

Chândâla sanskrit, Inde

Des « mangeurs de chien », tous ceux qui sont considérés comme « impurs », comme appartenant à la plus basse catégorie d'êtres humains selon la société brahmanique.

Hundeleben allemand
Une vie de chien.

Firuláis espagnol mexicain
Un chien errant.

Underdog anglais
« Celui qui est battu dans un combat de chiens », un perdant, une victime sociale ou politique, un opprimé.

Watchdog anglais
Un chien de garde.

Coyotero espagnol mexicain
Un chien dressé pour chasser les coyotes.

Dinh-na wagiman, Australie
Suivre quelqu'un à son odeur, comme un chien le ferait.

Stalking anglais
La « traque furtive », le harcèlement consistant à poursuivre sa victime sans relâche.

Bantaŋkóomee mandinka, Sénégal
Un obsédé sexuel ou un insecte constamment en train de copuler.

Zakilpistola basque
Un « pistolet-bite », quelqu'un qui souffre d'éjaculation précoce.

Breather anglais
Un maniaque sexuel qui respire fort au téléphone.

Mazakon japonais
Un homme qui cherche à retrouver sa mère dans sa copine ou sa femme.

B'shert yiddish
Chercher quelqu'un qui nous complète autant qu'on le complète, parfaitement.

San-haa thaïlandais
Chercher quelque chose avec beaucoup d'attention pour satisfaire son besoin.

Panapo'o hawaiien
Se gratter la tête pour chercher quelque chose.

Didis indonésien
Chercher les poux.

Nitpick anglais
Chercher la petite bête.

Melotot indonésien
Fixer quelqu'un avec agacement, les yeux grands ouverts.

Showdown anglais
L'épreuve de force, la confrontation entre deux ennemis jurés.

Imbruttire argot romain
« Rendre l'autre moche », le regarder avec provocation, le défier du regard. En mandika au Sénégal, c'est *núndúnda*.

Yamiuchi japonais
Attaquer furtivement l'autre dans l'obscurité.

Okori japonais
Le « début », le moment où l'intention d'attaquer l'adversaire prend forme.

Kairos grec ancien
Avant, c'est trop tôt. Après, c'est trop tard.

Irgham farsi
Frotter le nez de l'autre dans la terre.

LES COUPS

Ohondiko basque
Un coup de pied.

Bet-da wagiman, Australie
Un coup à la poitrine.

Cabeçada portugais
Un coup de tête.

Perchia dialecte italien des Pouilles
Un coup de poing derrière la tête.

Rufola dialecte italien des Pouilles
Un coup de poing sur la tête suivi d'un frottis du crâne.

Kóŋkoŋ mandinka, Sénégal
Frapper à petits coups.

Garndabak-ga wagiman, Australie
Frapper par-derrière avec une arme.

Madrazo espagnol mexicain
Un coup violent.

Whiplash anglais
Un coup de fouet.

Calentada espagnol mexicain
Une « chauffe », un passage à tabac.

Desmadrar espagnol mexicain

Rouer de coups.

Addobbare argot romain

« Décorer l'autre comme un arbre de Noël », le frapper jusqu'à le couvrir de bleus.

Quanfa chinois

La boxe à mains nues.

Bâgh-nakhâ ourdou, Pakistan

Des « griffes de tigre », une arme consistant en griffes d'acier fixées à la main et utilisées dans le combat de corps à corps.

Nakho Inde

Une ancienne forme de lutte pratiquée dans des buts religieux au cours de laquelle on utilise des gantelets en fer. Le combat se terminait souvent par la mort d'un des antagonistes.

Charrasquear espagnol mexicain

Taillader, balafrer, marquer le visage de l'autre avec une *charrasca*, un couteau courbe utilisé à la campagne.

Ha-suji japonais
Une ligne dessinée avec la partie effilée du couteau.

Cutthroat anglais
Être à couteaux tirés, féroce, sans merci.

Biespredel'nik russe
Un homme d'une violence démesurée et chaotique.

Elŝiri espéranto
Arracher par la violence.

LES TRAÎTRES

Stukatchi russe
Ceux qui frappent aux portes, les mouchards qui espionnent sous couvert de bavarder amicalement.

Weichei allemand
Un « œuf mou », un faible doublé d'un lâche.

Rajón espagnol mexicain
Un accusateur, un délateur, un lâche qui trahit un secret.

Cain hébreu
La marque de l'infamie qu'on porte sur son visage comme Caïn portait la trahison de son frère Abel sur le sien.

LA COULEUR ROUGE

Karelụ tulu, Inde
La marque rouge qui reste imprimée sur la peau quand on porte quelque chose de trop serré.

Redneck anglais
Une « nuque rouge », un plouc américain blanc, souvent arriéré, au cou large et moite, rougi par le soleil, qui vit à la campagne, dans le Sud ou dans les Apalaches.

Camarón espagnol mexicain
Une « crevette », une personne qui a attrapé un coup de soleil et qui est rouge comme une écrevisse ou un pénis.

Slampadato italien
Quelqu'un qui a passé trop de temps sous des lampes de bronzage.

Hemelmel touareg
Être rouge et brillant comme un tison.

LE NEZ

Hundekuq albanais
Un nez bulbeux, avec la pointe rouge.

Nuru roviana, îles Salomon
Un nez qui coule.

Engsang malais
Se moucher avec les doigts.

Nakhur farsi

Une chamelle qui ne donne du lait que si on lui chatouille le nez.

Golqaniinyo somalien

Les caresses qu'on prodigue à une chamelle pour la rendre plus docile pendant qu'elle donne du lait.

Baloolley somalien

Une chamelle qui donne ou pas du lait selon son humeur.

Horweyn somalien

Un groupe de chamelles séparées des autres parce qu'elles ne donnent plus de lait.

Awradhale somalien

Une chamelle qui donne toujours naissance à des mâles ou qui donne seulement à manger aux mâles.

Guubis somalien

Un chameau mâle et premier-né.

U maqaarsaar somalien

Couvrir une chamelle d'une peau de petit chameau mort pour lui donner le sentiment d'être tétée et la pousser à donner encore du lait.

Gurgurshaa somalien

Un chameau calme, docile, sur le dos duquel on peut mettre des objets délicats à transporter.

Mandhoorey somalien

Le meilleur chameau du troupeau.

Wakhd farsi

Un chameau qui bouge ses pattes comme une autruche.

Gulguuluc somalien

Le mugissement grave d'un chameau quand il est malade ou quand il a soif ou un poème récité à voix basse.

Uusmiiro somalien

Extraire de l'eau de l'estomac d'un chameau pour la boire pendant la période de sécheresse.

Trickle anglais
Tomber goutte à goutte. En russe, c'est *nakrapyvat'*.

Lirvaya hébreu
« Bonne soif » comme on dit « bon appétit » Que cette eau que tu bois te désaltère et te remplisse.

Sikkiwok inuit
Boire avec le menton dans l'eau.

Achamaniya sanskrit, Inde
Un rite brahmanique où on avale deux ou trois gorgées d'eau tout en répétant le nom de la divinité invoquée.

Mmbwe venda, Afrique du Sud
Un caillou arrondi sorti de l'estomac d'un crocodile et avalé par le chef d'une tribu.

Bababa ba ? filipino, Philippines
Ça descend ?

Bababa filipino, Philippines
Ça descend.

Embutirse espagnol mexicain
Avaler rapidement, engloutir.

Asittakapandaka sanskrit, Inde
Un homme qui n'est excité qu'après avoir avalé le sperme d'un autre homme.

Suilk suédois
Avaler en faisant beaucoup de bruit.

Trockenkotschluckerin allemand
« Une avaleuse de merde sèche. »

Grifare italien
Quand les cochons avalent avidement leur nourriture en fourrant leur groin dedans. Par extension, jouir pleinement de la vie, avec un plaisir animal ou tomber accidentellement visage contre terre.

TOMBER

Kacakka tulu, Inde
Le bruit d'une pierre qui tombe dans la boue.

Blart ullans, Irlande du Nord
Tomber à plat dans la boue.

Arak-ga wagiman, Australie
Glisser et tomber par terre.

Kíripa mandinka, Sénégal
Tomber à genoux.

Apismak turc
Étendre les jambes et s'effondrer.

S'encoubler suisse français
Perdre l'équilibre, tomber parce qu'on est empêtré dans quelque chose à terre.

Atorarse espagnol mexicain
Tomber en panne, cesser de fonctionner.

Rottamare italien

Mettre à la casse une voiture et en récupérer les morceaux qui fonctionnent encore.

TRANSPORTER

Hitch-hike anglais

Faire de l'auto-stop.

Menggonceng indonésien

Être transporté à l'arrière du vélo d'un ami.

Lift anglais

Quand on nous dépose gratuitement là où on va. Au Mexique, on dit *aventón*. En italien, c'est *strappo*, qui veut aussi dire « déchirure ».

Gurtmuffel allemand

Une personne qui refuse de mettre la ceinture de sécurité.

Elefantenrennen allemand

Une « course d'éléphants », un véhicule lent qui essaie de dépasser un autre véhicule encore plus lent en bloquant toute la circulation derrière eux.

Ruletear espagnol mexicain

« Jouer à la roulette », pour un chauffeur de taxi, circuler à la recherche du client.

Dolmuş turc

« Plein rempli », un taxi collectif qui ne part que lorsque toutes les places sont occupées.

Mosca espagnol mexicain

Une « mouche », une personne qui resquille parce que les mouches voyagent sans payer.

Ngojek indonésien

Gagner de l'argent en transportant un passager à l'arrière d'une moto.

Warmwassergeise allemand

Une moto trafiquée.

LE BRUIT

Cascabelear espagnol mexicain
« Un serpent à sonnette », quand le moteur fait un bruit étrange et inquiétant.

Gotongoton japonais
Des trains très bruyants.

Ghiqq farsi
Le son produit par une bouilloire.

Azots basque
Un bruit de pierre, de grêle.

Brui espéranto
Faire du bruit.

Motoszkàl hongrois
Émettre des petits bruits énervants, lentement, comme un petit vieux.

Fussy anglais
Quelqu'un qui fait du bruit pour rien.

Tăkat touareg
Des bruits de voix excessifs et confus.

Ricuh indonésien
Bruyant et chaotique.

LE CHAOS

Kuddelmuddel allemand
Un chaos indescriptible.

Ananta hindi, Inde
« Infini », un immense serpent qui représente l'éternité. Il repose sur les eaux primordiales du chaos originel. Il porte la terre sur son dos, et chaque fois qu'il ouvre la gueule, un tremblement de terre se produit. C'est lui qui crache le feu destructeur de toute création à la fin de chaque âge de l'Univers.

Ahi-budhnya sanskrit, Inde

Un serpent des profondeurs de l'océan, né des eaux sombres, il symbolise les nuages pleins d'orage.

Samvartaka hindi, Inde

Un gigantesque nuage qui, à la fin de chaque cycle de temps, détruit l'Univers par un déluge.

Vairambhâ sanskrit, Inde

Un vent destructeur dont la force viendrait d'un démon.

Yugen japonais

La conscience du mystère, de la beauté fragile et fugace de l'Univers. Tout est vide et l'Univers est éphémère.

Wújí chinois

Le vide suprême, sans limites, infini.

Seijaku japonais

La sérénité au milieu du chaos.

Clinamem grec ancien

Le presque rien qui change tout. Un atome a dévié de sa route et a créé une collision avec des milliers d'autres qui tombaient droit dans le vide. Selon le philosophe Épicure, de ce chaos est né l'Univers.

LES MIRACLES

Brahmânda sanskrit, Inde

Le Brahma – le dieu créateur – a déposé une graine dans l'eau afin que celle-ci produise la création, cette graine s'est transformée en un immense œuf d'or contenant le sacré et l'absolu. Après avoir mûri pendant mille ans, l'œuf s'est séparé en deux parties révélant Brahma et Sarasvatî, la déesse de la Connaissance. Brahma a alors créé les sept étages du monde supérieur avec une des moitiés de l'œuf, et les sept étages du monde inférieur avec la seconde moitié.

Wundersucht allemand

La passion pour les miracles.

Avos' russe
Croire à la chance ou aux miracles, ne rien faire pour qu'ils adviennent, juste y croire. Ce trait de caractère est considéré comme leur talon d'Achille par les Russes.

Chiripazo espagnol mexicain
Un coup de chance.

Pour français canadien
Tiré au sort.

Lasitakáari mandinka, Sénégal
Une pratique divinatoire.

Jiibeerilaŋ mandinka, Sénégal
Ce qui sert à la divination.

Manmaipo chinois
Les femmes qui interrogent le riz.

Ailuromancy anglais
Deviner l'avenir en étudiant le saut d'un chat.

Shâkuna hindi, Inde
La divination fondée sur l'observation du chant des oiseaux et la voix des animaux.

Ambulomancy anglais
Deviner l'avenir en marchant.

Báyímbáyiŋ mandinka, Sénégal
Chercher fortune auprès des marabouts et des griots.

Harijeeñíníínnaa mandinka, Sénégal
Une personne qui s'adresse aux marabouts pour trouver le bonheur.

LA MAGIE D'AMOUR

Chintâmani sanskrit, Inde
« Qui exauce tous les désirs », un joyau sacré ou une perle miraculeuse.

Fokous russe

Un tour de magie.

Aguogue grec ancien

La « magie d'amour », les philtres et objets fabriqués pour envoûter, forcer à aimer celui qu'on n'aime pas, devenir dépendant de lui. Les Grecs étaient terrorisés par les *aguogués*.

Alfoutoun arabe

Ensorceler le cœur.

Negrear espagnol mexicain

Traiter l'autre comme un esclave.

Alta'abboud arabe

Les « yeux d'esclave », l'amour addiction.

Amaeru japonais

Agir comme un enfant, être dépendant de la personne qu'on aime, se soumettre à sa protection.

Keteguran muara jambi, Indonésie

Être possédé par un esprit jusqu'à en tomber malade.

Jaŋkarindi mandinka, Sénégal
Rendre gravement malade.

LE DESTIN

Panauti hindi, Inde
Une personne dont la malchance est contagieuse.

Shlimiel yiddish
Un être inepte, qui se trompe systématiquement et fait tout de travers.

Shlimazel yiddish
Quelqu'un né sous une mauvaise étoile. Le destin s'acharne contre lui. Toutes ses entreprises se cassent la figure. Il n'est jamais à la bonne place et subit les conséquences des méfaits du *shlimiel*.

Suanming chinois
Le calcul du destin.

Adjal indonésien
L'heure de la mort fixée par le destin.

Lobi lingala, Congo
Demain, mais aussi hier.

Pominoutno russe
À chaque instant.

Mektoub arabe, Algérie
Ce qui est écrit, prédestiné. On n'y peut rien changer. Tout est joué d'avance.

Gambiarra portugais brésilien
Un stratagème pour inverser le destin, transformer ses faiblesses en force et faire face à n'importe quelle situation.

Desenrascar portugais
Sortir à toute vitesse d'une impasse, dénouer une situation compliquée, improviser une solution à la dernière minute. Un stratagème des paresseux et des super-héros.

Nefeloulou touareg
Être intelligent. Être vu. Cesser d'être caché. Être visible aux yeux de l'esprit. Être évident. Être prouvé. Se faire remarquer.

Suerte espagnol
Tous les destins sont possibles comme les mille postures qui s'offrent au torero devant le taureau.

Kan japonais
Comprendre instinctivement une situation, sans avoir besoin qu'on nous explique ou qu'on nous persuade.

No-brainer anglais
« Sans besoin du cerveau », une évidence si fulgurante qu'elle n'a besoin d'aucune pensée.

Ta chinois
Simplifier une situation, la prendre avec légèreté.

Balda russe
Un « con intelligent », un intelligent qui a l'air con et qui gagne toujours contre les cons qui ont l'air intelligent.

Khokhmé yiddish
L'intelligence malicieuse de la vie, l'esprit divin de la sagesse qui existe depuis bien avant la création du monde, le réservoir de la philosophie.

Pretoogjes néerlandais
Des yeux malicieux.

LES YEUX CLAIRS

Qiubo chinois
Les yeux clairs et limpides d'une belle femme.

Bebera basque
Une personne aux yeux tendres.

Eesome écossais
Ce qui plaît aux yeux.

Kanile tulu, Inde
Un bambou tendre.

Kane tulu, Inde
Un bambou élancé.

Kalon grec
La beauté par excellence.

Erir touareg
La voûte azurée qui s'étend au-dessus de nos têtes.

Wanderlust anglais
Le désir irrésistible d'errer, de voyager, de se perdre. En Danois, c'est *udlængsel*.

Drang allemand
Une passion, une pulsion, un désir d'autre chose, un besoin d'horizons nouveaux, une quête d'absolu qui ne peut être qu'insatisfaite.

Resfeber suédois
La « fièvre du voyage », quand le cœur bat à l'approche du voyage, cela peut se manifester sous forme de fièvre, de maladie.

Reiseonkel allemand
L'« âme voyageuse ». Celui qui est toujours en route, en mouvement.

Vacilando espagnol
Quand le voyage est plus important que la destination.

Fernweh allemand
Le mal d'ailleurs, être hanté par des lieux où on n'a jamais été.

Prostor russe
Les vastes espaces balayés par les vents.

Puszta hongrois
La grande steppe sauvage, touffue et buissonnante.

Tselina russe
La terre vierge.

Tessenkert touareg
L'heure du départ avant le jour.

Trogat'sa russe
Se mettre en marche.

Uttarayana tulu, Inde
La course du soleil vers le nord de l'Équateur.

Sunshine anglais
La lumière du soleil.

Êrerêoual touareg

L'heure à laquelle l'ombre d'une tige verticale commence à se tourner franchement vers l'est. L'espace de temps assez court qui commence vers midi quinze, midi trente et dure environ une heure.

Meriggiare italien

Se reposer l'après-midi à l'ombre.

Iledorweddle irlandais

Être allongé en s'appuyant sur une coude.

Karvat hindi, Inde

Le côté du corps sur lequel on se repose.

Aiguttoa votic, Estonie

Bâiller à maintes reprises.

Ăzelleuaz touareg

La dernière heure de l'après-midi.

Hajnalpir hongrois

La première rougeur qui apparaît dans le ciel quand le soleil commence à se coucher.

Tramonto italien
Le coucher du soleil.

Smierkat'sa russe
Il commence à faire sombre.

LES ÉTOILES

Seouser touareg
Briller çà et là, comme les étoiles ou les bijoux.

Esser touareg
Guetter un vif éclat de la lune, d'une étoile, d'un éclair, d'un feu, d'un miroir.

Udaya tulu, Inde
La montée de la lune ou d'un autre corps céleste.

Wutjbin wagiman, Australie
Une étoile filante, grande et rouge.

Djinns arabe

Les étoiles filantes seraient des *djinns*, des créatures magiques, des anges déchus. Trop curieux, ils auraient collé leurs oreilles à la voûte céleste pour entendre les conversations divines. Découverts, ils ont été expulsés du ciel, c'est là qu'on les voit tomber. Si on sait leur prêter l'oreille, ils murmurent leurs secrets.

Desiderare latin

Avoir la nostalgie des étoiles.

Felououet touareg

Briller vivement d'un éclat tremblant.

Expergefactor vieil anglais

Quelque chose qui vous réveille.

Milijun wagiman, Australie

L'étoile du matin.

Asadachi japonais

L'érection du matin.

Ikigai japonais
Une raison de se lever le matin, une raison de vivre.

Morgenfrisk danois
Se sentir frais après une bonne nuit de sommeil.

Göktta suédois
L'envie de sortir le matin pour entendre les premiers oiseaux chanter, une tradition suédoise.

LES ANIMAUX

Tamigata yamana, Chili
Marcher en ligne avec d'autres personnes afin de faire bouger les oiseaux, puis se déplacer autour d'eux pour ne pas qu'ils s'échappent.

Vierkhom russe
À cheval.

Zau' quéchua, Andes
Secouer les rênes d'un cheval pour le faire galoper plus vite.

Usqar khakas, Sibérie
Faire grimper quelqu'un derrière soi à cheval. En Iran, on dit *radif*.

Oratz basque
La trace de pas d'animaux.

Dodok muara jambi, Indonésie
L'état d'une terre endommagée par un sanglier.

Ăhît touareg
Des bruits confus d'un animal qui court, du vent, de la mer, de la pluie, du feu, d'un torrent, du tonnerre, de tout ce qui n'est pas musique ou voix.

Emesli touareg
Des sons qui ressemblent à la voix d'animaux ou d'hommes, comme l'écho ou les instruments de musique.

Aśhvamedha sanskrit, Inde

Le « sacrifice du cheval », un rite royal accompli par des souverains qui ont accumulé des victoires et qui sacrifient un ou plusieurs chevaux blancs. Les préparatifs durent un an pendant lequel le cheval est laissé libre. Tous ses déplacements sont soigneusement suivis, car il symbolise le soleil. Au moment du sacrifice, le cheval est somptueusement décoré puis mené à l'autel où les prêtres et le roi l'immolent en grande pompe.

Bouzkachi farsi

La carcasse décapitée d'une chèvre lancée au milieu d'un cercle de cavaliers, un sport équestre afghan.

Galki basque

Les restes d'une bête morte par accident.

Berhilki basque

Une charogne d'animal tombée dans un précipice.

Airi sanskrit, Inde

Un vent sifflant dans les ramures qui serait l'esprit d'un homme mort pendant une chasse.

Siibantoo mandinka, Sénégal

Quelqu'un qui met sa vie en danger.

Draufgänger allemand

Un aventurier, un imprudent au sang bouillant qui s'engage avec élan, s'emballe, prend tous les risques pour atteindre son but.

Daredevil anglais

Un « tente-diable », un casse-cou.

Cangaçoceiro portugais brésilien

Un bandit nomade. Beaucoup d'hommes et de femmes en révolte contre la domination des propriétaires terriens et du gouvernement le sont devenu. Ils ont erré dans l'arrière-pays, cherchant de l'argent, et de la nourriture, dans un esprit de vengeance.

Dacoït hindi, Inde

Les troupes de brigands plus ou moins organisées qui hantent les routes et parfois attaquent les trains, livrant de sanglantes batailles contre la police et l'armée corrompues. Ces bandes sont formées pour la plupart de paysans dépossédés et de hors-castes réduits au banditisme pour survivre.

Betyár hongrois

Une sorte de Robin des bois qui vole les riches pour donner aux pauvres dans la grande plaine hongroise.

Haïdouk hongrois

Un brigand, un hors-la-loi, un rebelle qui opérait dans la région des Balkans sous la domination ottomane. Ou un homme libre.

Imazighen kabyle agérien

Les hommes libres, les hommes rebelles, c'est le nom des ethnies berbères.

Aditî sanskrit, Inde

« Sans limite et libre », le ciel infini, l'énergie pure.

Sturmfrei allemand
Une « tempête libre », quand les enfants sont sans contrôle parental et font ce qu'ils veulent.

LES FEMMES LIBRES

Ukorabe lingala, Congo
Une femme libre, non mariée.

Tisese ninglang, dialecte musuo, Chine
L'« incessant aller-retour », une pratique libre du peuple Musuo, société matriarcale, où les femmes ont le choix d'inviter les hommes qui leur plaisent dans leur chambre. Si l'homme ne partage pas le même désir, il n'y va pas. S'il y va, il passe la nuit et regagne la maison de sa mère au matin. Les femmes Musuo ont des expériences sexuelles libres avec le nombre de partenaires qui leur convient. Quand naît un enfant, seule la famille de la femme en est responsable.

Sambandham malayalam, Inde

La « maturité sexuelle de la femme », à partir de ce moment, la femme peut prendre un ou plusieurs partenaires et avoir des enfants avec eux.

Labartjalhgun wagiman, Australie

Un démon des herbes qui vit dans les arbustes. Il est petit, avec des jambes très minces, un gros estomac et de grandes oreilles. Si une femme a un enfant d'on ne sait qui, on dit que le *labartjalhgun* en est le père.

LE DÉMON DU DÉSIR

Duende espagnol

Le « démon qui gît dans nos viscères », la lutte d'un corps avec un autre, d'un désir avec un autre, de l'érotisme et de la chair contre le sens et la logique. Le *duende* est le génie et l'inspiration du torero, le charme énigmatique et insaisissable du flamenco. Le poète Federico Garciá Lorca le définit ainsi : « Ce mystérieux pouvoir que l'on ressent tous, mais qu'aucun philosophe ne peut expliquer. »

Bhairava sanskrit, Inde et Népal
Les « terribles », les formes courroucées et redoutables prises par de nombreuses divinités bouddhiques et hindoues pour combattre les passions et les désirs.

LA PASSION AMOUREUSE

Allawa'a arabe
La fièvre d'un cœur déchiré par la passion.

Ugre tulu, Inde
Un homme passionné.

Koi japonais
La passion amoureuse.

Alkhilaba arabe
Le cœur acquiesce et dit oui mais la sombre cavité abdominale dit non.

Alcha'af arabe
La brûlure de l'amour.

Allad' arabe
L'amour brûlant.

Alhourak arabe
L'amour-incendie.

Alwasb arabe
L'amour passionné qui fait perpétuellement mal.

Alladgh arabe
L'amour-morsure.

Alfana arabe
Le dépérissement amoureux.

Alsouhd arabe
L'amour-insomnie.

Halak arabe
L'exténuation amoureuse qui met la vie en péril.

Altachbib arabe
L'amour-folie qui s'empare de la vie de l'amant et la met sens dessus dessous.

Mijnuroba géorgien
Être si fou, si possédé par l'amour que même nos ennemis nous prennent en pitié.

LE DOUBLE SUICIDE

Johshi japonais
Le suicide d'un homme avec son amante. Ils font généralement l'amour avant de se tuer ensemble.

Onsra boro, Éthiopie
Aimer pour la dernière fois.

Liebestod allemand
Un aria de *Tristan et Isolde* de Richard Wagner, il désigne désormais tous les chants lyriques où deux amants se tuent par amour.

Alwahl arabe
L'amour sublime et terrifiant.

Shinju japonais
« Au cœur du cœur », un double suicide, le plus souvent de nature amoureuse.

Akkarva tulu, Inde
Le dernier mot d'une personne mourante.

Buerda basque
Le dernier soupir, un spasme d'agonie.

Yuánqì chinois
Le souffle primordial à l'origine du monde.

Ātman sanskrit, Inde
Le souffle vital.

LA PURETÉ

Sanqing chinois
Les « Trois Purs », les trois souffles qui sont à l'origine du ciel, de la terre et des hommes.

Brahman sanskrit, Inde

Le pouvoir suprême, qui sans cesse crée et recrée l'Univers.

Satya hindi, Inde

La vérité pure, la réalité suprême.

Sattva sanskrit, Inde

« Pur », l'existence, la concentration de l'énergie et de la lumière.

Soviest russe

Le cœur nous dicte quelque chose mais on en désire une autre, c'est là que le *soviest* intervient pour harmoniser l'incohérence. Le *soviest* c'est une voix intérieure, féminine, lumineuse, impossible à salir, qui s'empare de notre âme même si elle est noire. C'est ce qu'il y a de plus juste dans un être humain, on l'a ou on ne l'a pas.

Thymos grec

Le point le plus éveillé de l'être humain, situé autour du diaphragme. Pour Platon, c'est le lieu où on éprouve de la fierté, de l'indignation, de la honte. À travers lui, on se donne à une cause contraire à son bien-être : « Celui qui nage en mer agitée pour sauver un étranger, le soldat qui désarme un ennemi pour sauver ses copains – ceux-là vivent suivant leur thymos. »

L'HUMANITÉ

Ren chinois
Le bien qu'un homme peut faire à un autre. La vertu par excellence d'un *junzi*.

Junzi chinois
Un « gentleman », un homme moralement supérieur, loyal, savant, qui peut vivre dans la pauvreté, faire plus et parler moins.

Mokabi ou motu lingala, Congo
Un homme généreux.

Mentsh yiddish
Un homme avec un *H* majuscule, un homme au sens noble du terme, un mec bien, juste, généreux,

loyal, désintéressé, doux, courageux, éthique. Ça peut être une femme aussi.

Ubuntu xhosa, Afrique du Sud

« Je suis parce que nous sommes », concept central sud-africain. Un anthropologue a demandé aux enfants d'un village de chercher un cadeau qu'il avait caché en le promettant à celui qui le trouverait. Les enfants ont cherché et trouvé ensemble. Quand il leur a demandé pourquoi ensemble, ils ont répond : « *Ubuntu !* » « Comment l'un de nous pourrait-il être heureux si les autres ne le sont pas !? » Dans son hommage à Nelson Mandela, Barack Obama parle d'*ubuntu* ainsi : « Mon humanité est inextricablement liée à la vôtre... »

Firgun hébreu

Partager le bonheur qu'éprouve un ami.

Gunnen néerlandais

Se réjouir du succès de quelqu'un.

Sudâmâ hindi, Inde

Une personne dont la dévotion est désintéressée. Selon la légende, un pauvre homme qui s'appelait Sudâmâ est allé à pied avec son épouse rendre hommage à Krishna. Il apportait en offrande une simple poignée de riz. Krishna fut touché et Sudâmâ sortit de la pauvreté.

Hassid hébreu

L'homme généreux, l'homme pieux, un adepte du mouvement créé par le Baal Shemtov au XVIIIe siècle pour protester contre la tradition qui voulait que seuls les riches aient accès à l'étude de la Torah. L'histoire fondatrice du hassidisme raconte cette révolution : Un paysan juif entre dans une synagogue un jour de Kippour – la fête du Grand Pardon –, les fidèles prient et attendent que le Ciel s'ouvre devant eux. Rien ne vient. Les érudits rendent le paysan inculte responsable de ce silence. Il se réfugie dans la forêt et, ne sachant prier, crie toutes les lettres de l'alphabet à Dieu en lui demandant d'en faire sa prière. Alors le Ciel s'ouvre. Ce que voulait le Baal Shemtov c'était ajouter du sentiment à la prière et n'exclure personne.

Bezserebriannik russe

« Sans argent », quelqu'un de totalement désintéressé, qui fera toujours tout ce qu'on lui demande sans rien demander en échange.

Qingguan chinois

Dans la Chine ancienne, le mot désignait les fonctionnaires incorruptibles, une espèce rare, qui s'attaquaient aux aberrations du système. Ils s'attiraient souvent des ennuis.

Pono hawaiien

Quelqu'un ou quelque chose de juste, de droit, d'honorable, de bon, en harmonie avec le monde.

Cheng chinois

L'authenticité parfaite.

Dunia arabe

L'Univers et la vie telle qu'elle est.

Asti sankrit, Inde

« Ceci est », l'affirmation de l'existence.

Ahiṃsā sanskrit, Inde
La « non-violence », ne causer aucune nuisance à nulle forme de vie.

Wuwei chinois
Le « non-agir » ou la « non-intervention », bouger en conformité avec l'univers et la nature.

Épochè grec ancien
Le « non-jugement », s'abstenir de toute assertion, pour ou contre.

Amrita sanskrit, Inde
La « non-mort », une boisson qui accorde l'immortalité dans la mythologie hindoue.

Erlebnis allemand
Le déclic, la révélation soudaine qui nous ouvre au présent, à l'expérience.

Xin chinois

Le « cœur-tête », les Chinois pensent que le cœur est le centre de la connaissance humaine.

Hara chinois

Les « entrailles », le siège des émotions, la partie la plus profonde de la sensibilité de l'être.

Weltanschauung allemand

La conception du monde selon la sensibilité de chacun. C. G. Jung écrit « Le *weltanschauung*, c'est se former une image du monde et de soi-même, savoir ce qu'est le monde, savoir ce que l'on est. »

Blösse allemand

Se mettre à nu, découvrir son point faible. Dans le langage de l'escrime, *blösse* désigne les parties du corps où le contact de l'épée est permis.

Litost tchèque

La succession d'images qui nous viennent au moment d'un choc. Milan Kundera écrit dans *Le*

Livre du rire et de l'oubli : « Pour le sens de ce mot je cherche vainement un équivalent dans d'autres langues, bien que j'aie peine à imaginer qu'on puisse comprendre l'âme humaine sans lui. Je vais donner un exemple : l'étudiant se baignait avec son amie dans la rivière. La jeune fille était sportive, mais lui, il nageait très mal... l'étudiante était amoureuse de lui et tellement délicate qu'elle nageait aussi lentement que lui. Mais comme la baignade était sur le point de prendre fin, elle voulut donner un instant libre cours à son instinct sportif et elle se dirigea, d'un crawl rapide, vers la rive opposée. L'étudiant fit un effort pour nager plus vite, mais il avala de l'eau. Il se sentit diminué, mis à nu dans son infériorité physique, et il éprouva la *litost*. Il se représenta son enfance maladive sans exercices physiques et sans camarades sous le regard trop affectueux de sa mère et il désespéra de lui-même et de sa vie. En rentrant tous deux par un chemin de campagne, ils se taisaient. Blessé et humilié, il éprouvait une irrésistible envie de la battre. "Qu'est-ce qui te prend ?" lui demanda-t-elle, et il lui fit des reproches. Elle savait bien qu'il y avait du courant près de l'autre rive, il lui avait défendu de nager de ce côté-là parce qu'elle risquait de se noyer – et il la frappa au visage. La jeune fille se mit à pleurer, et lui, à la vue des larmes sur ses joues, il ressentit de la compassion pour elle, il la prit dans ses bras et sa *litost* se dissipa. »

Ezabizi basque
Les humeurs du corps.

Omphaloskepsis grec
La contemplation de son nombril comme une aide à la méditation.

Mahimā sanskrit, Inde
Devenir immense.

Laghimā sanskrit, Inde
Devenir aussi léger qu'une plume.

Aṇimā sanskrit, Inde
Réduire le corps en atomes minuscules.

Tsumasaki japonais
La pointe des pieds. En russe c'est *tsipatchki.*

Erkain basque
Le bout des doigts.

Búlúkósi mandinka, Sénégal
Le battement des mains.

Hinnyu japonais
Des petits seins.

Dabakototii mandinka, Sénégal
Les poils des aisselles.

Tapawising ulwa, Nicaragua
Les oreilles pointues.

Arekannu tulu, Inde
Les yeux à moitié fermés.

Dáasoo mandinka, Sénégal
Un tatouage des lèvres.

Dáamúru mandinka, Sénégal
Le pourtour de la bouche.

Musurta basque
Des lèvres très saillantes.

Camachakia nahuatl, Mexique
Ouvrir la bouche.

Silika lingala, Congo
Par claquement de la langue.

Binybiny-nya wagiman, Australie
Reproduire le son d'un baiser avec les lèvres.

Smaci espéranto
Faire un bruit de succion avec les lèvres.

Zunda devanagari, Inde
Indiquer quelque chose ou quelqu'un à l'aide des lèvres.

Catkhara hindi, Inde
Faire claquer les lèvres l'une contre l'autre ou la langue contre le palais.

Mahal devanagari, Inde
Le « palais », le nom réservé aux lieux habités par les femmes des harems des empereurs moghols.

Musukúndaa mandinka, Sénégal
La partie de la cour réservée aux femmes.

Ratabandhâ hindi, Inde
Dans l'architecture hindoue, les frises décoratives représentant des jeux érotiques de jolies femmes.

Kâmabandha hindi, Inde
Une frise représentant des scènes amoureuses.

Wunderkammer allemand
La chambre des merveilles.

Khobarghar hindi, Inde
La pièce d'une maison dans laquelle les jeunes mariés doivent passer leurs premières nuits.

Eztoi basque
Le lit nuptial.

Asemane tulu, Inde
Le siège de la mariée.

Kolleh yiddish
Une belle femme mariée.

Baleboste yiddish
L'épouse idéale, la parfaite maîtresse de maison. Se dit aussi d'un homme qui tient bien ses affaires. Le plus grand *baleboste* de l'univers, c'est Dieu.

Pativrata sanskrit, Inde
Le titre donné aux femmes hindoues qui remplissent parfaitement leur rôle d'épouse, adorant leur époux comme s'il était la Divinité elle-même.

Mouthana arabe
En Occident, on passe directement de *un*, le singulier, au pluriel. En arabe, il y a une conjugaison pour le *un*, une autre pour le *deux* et puis il y a le pluriel. *Mouthana* c'est le *deux*, le duel, le couple.

Musubi japonais
Le « nœud », le lien émotionnel, invisible, qui relie deux personnes.

Omoi japonais
Quand on pense amoureusement à l'autre.

Renjo japonais
L'attachement amoureux.

Gezelligheid néerlandais
La chaleur que l'on ressent d'être avec celui ou celle qu'on aime.

Naz urdu, Inde et Pakistan
L'orgueil et l'assurance quand on sait qu'on est aimé.

Afekti espéranto
Agir avec affection.

Ai-suru japonais
Aimer l'autre tendrement, d'un amour affectueux.

Krauñcha sanskrit, Inde
Des couples d'oiseaux aquatiques, célébrés dans la littérature indienne comme l'exemple de la parfaite fidélité conjugale.

Pragma grec ancien
L'amour qui dure toute une vie.

Odnoliub russe
Quelqu'un qui aime une seule personne, qui connaît un seul et unique amour dans sa vie.

Ya'aburnee arabe
« Tu m'enterreras ! », l'espoir de mourir avant l'autre, de ne pas avoir à vivre sans lui.

Jun-Ai japonais
Le vrai amour.

Dożywocie polonais
Jusqu'à la fin de la vie.

Alrassîss arabe
L'amour éternel.

LA RUPTURE

Altabarih arabe
L'arrêt sec de l'amour.

Ghosting anglais
« Faire le fantôme », rompre un lien amoureux, sans plus donner signe de vie du jour au lendemain.

Yerdengh-nga wagiman, Australie
Disparaître et ne rien dire à personne.

Migom russe
En un clin d'œil.

Biessledno russe
Sans laisser de traces.

Nenial espéranto
À cause de rien.

Iktsuarpok inuit
Le moment où on ne peut rien faire d'autre qu'attendre, regarder avec impatience la fenêtre ou la montre, sortir sans cesse pour voir si l'autre personne vient.

Alla'j arabe
Comment on se sent quand on est abandonné.

Frieda argot sud-africain
Frustré sexuellement.

Kummerspeck allemand
Le « jambon du chagrin », le poids que l'on prend après une rupture ou un choc émotionnel.

Saqima arabe
La souffrance physique de l'amoureux.

Alwajd arabe
L'amour extatique marqué par le manque.

Mall albanais

Le manque viscéral, physique, de l'autre – bouleversant, définitif, presque destructeur.

Matsukase japonais

Une femme qui, comme le vent soufflant sans cesse parmi les pins, pense sans arrêt à son amoureux, jusqu'à l'obsession, la torture.

Dor roumain

« Je me languis de toi ». Le *dor* c'est beaucoup plus que le manque de quelqu'un, c'est son absence que l'on ressent physiquement, c'est un grand amour que l'on a perdu et dont on voudrait qu'il revienne.

Chawa arabe

Quand quelqu'un nous manque, il y a l'absence et le désir, l'ardeur et l'espoir d'être avec lui.

Betgerekh mongol

Le manque très profond d'une personne – presque une maladie mentale.

Alarâq arabe
Le mal d'amour.

Alkabd arabe
La blessure d'amour. En tamil, c'est *pacalai*.

Sevdah serbe
Être malade d'amour.

Allam arabe
L'amour-déraison.

Al khabl arabe
La démence de l'amant quand il perd l'objet de son amour, une perte qui le rend fou, *madjnoûn*.

Alwalah arabe
L'amour-folie quand on perd l'esprit devant l'absence de l'autre.

Al balâbîl arabe
Les obsessions liées à l'amour, ses réminiscences.

Muwaswass arabe
Être obsédé par ses déceptions.

Rosicare argot romain

Se ronger le sang de rage, de convoitise.

LE CRIME PASSIONNEL

Szerelemfeltes hongrois

La « peur de perdre l'amour », c'est le terme légal pour désigner les crimes passionnels dictés par la jalousie.

Hybris grec ancien

Le crime d'en vouloir plus que sa part de destin.

Fodeu portugais brésilien

Quand on est pris au piège dans une situation inextricable comme le crime, le travail ou l'amour.

Ginepraio italien

Un « nid de vipères », être dans une situation difficile à démêler.

Fix anglais

Être dans de beaux draps.

Jábúru mandinka, Sénégal

Le délire provoqué par la culpabilité.

Stonewall anglais

Refuser de répondre à une question ou à un interrogatoire, y répondre de manière évasive.

Potchemuchka russe

Quelqu'un qui pose beaucoup trop de questions.

Gretchenfrage allemand

Une « question de fille », une question-piège, cruciale, qui dévoile les secrets. Dans le *Faust* de Goethe, Gretchen demande à son amant le docteur Faust quel est son rapport à Dieu alors qu'il est lié au diable. On assiste à la première *gretchenfrage* de l'histoire.

LES PUNITIONS

Chebol coréen

Une « punition collective », si une personne est coupable d'un crime, on exécute toute sa famille, souvent en allant jusqu'aux cousins de deuxième degré. Parfois cela s'applique à des villages entiers ou à des communautés.

Holodomor ukrainien

Une famine extrême créée par un pouvoir pour exterminer un peuple.

Spetspsikhouchka russe

Le système de psychiatrie punitive en URSS utilisé pour emprisonner les dissidents dans les hôpitaux psychiatriques qu'on appelait aussi *dourdom*, les « aisons de cons ». Les diagnostics allaient de « schizophrénie torpide » à « schizophrénie latente », ou « schizophrénie larvée » ou « schizophrénie lente », ou « schizophrénie stagnante ».

Pasung indonésien
Les chaînes sont la seule réponse que des milliers d'Indonésiens trop pauvres trouvent face à la maladie mentale d'un proche qu'ils enferment dans une cage. Bien que la loi l'interdise, ils seraient 15 000 à vivre ainsi.

L'ESCLAVAGE

Pelourinhos portugais brésilien
Une colonne de pierre ou de bois parfois majestueuse érigée dans un lieu public symbole architecturale de l'autorité et de la tyrannie. L'esclave indocile y était ligoté.

Bandeirantes portugais brésilien
Des hommes de terrain qui, à l'intérieur du Brésil, recherchaient des indigènes pour les réduire en esclavage.

Encomienda espagnol mexicain
Le système qui a dépossédé les Indiens, les a réduits à l'esclavage et a attribué leurs terres aux colons.

Padiyâl tamil, Inde
Des personnes de basses castes qui se sont endettées à des taux d'intérêt exorbitants pour payer un enterrement ou un mariage et qui, ne pouvant rembourser, tombent dans une sorte d'esclavage au profit de leur créancier.

Ghulam persan
Un jeune esclave militaire.

Joŋyandi mandinka, Sénégal
Réduire un être humain en esclavage.

Banzo portugais brésilien
Le manque de l'Afrique ressenti par un esclave.

Heimweh allemand
Le mal du pays où on est né, du village où on a grandi, le manque d'être chez soi.

Kaiho finnois

Une lamentation à propos d'un endroit lointain qui ne peut être atteint. La sensation très forte de solitude, de désir ardent et d'incomplétude.

Hiraeth gallois

La déchirure de l'exil. La nostalgie pour son pays où on ne peut pas retourner, où on n'est peut-être jamais allé.

Quilombo portugais brésilien

Au temps de l'esclavage, le *quilombo* (au Brésil) ou *palenque* (dans les colonies espagnoles) désigne les villages et communautés formés dans les régions reculées par les esclaves en fuite.

Mitsrayim hébreu

L'« Égypte ». Selon la Bible, les Hébreux devenus esclaves de Pharaon ont été menacés d'extermination parce qu'on noyait leurs enfants mâles. Moïse, bébé, a été confié aux eaux du Nil par sa mère. La sœur du Pharaon l'a sauvé et adopté. Sous sa conduite, les Hébreux sont sortis d'Égypte et sont devenus un peuple au service de Dieu. La sortie d'Égypte, c'est la sortie de l'esclavage.

LA RÉVOLTE

Múrútíndi mandinka, Sénégal
Pousser à la révolte.

LES CRIS

Grito espagnol mexicain
Le « cri », à l'occasion de la commémoration de la guerre d'indépendance du Mexique. Le soir du 15 septembre, le président « pousse le cri » : « Vive les héros qui nous ont donné le Mexique ! »

Wíisa mandinka, Sénégal
Pousser un cri aigu.

Uxo basque
Le cri pour arrêter les bêtes.

Guevald yiddish
« Au secours ! C'est un scandale ! »

¡ Epa ! ou ¡ Épale ! espagnol mexicain
Un cri, mélange d'étonnement et de désapprobation pour empêcher quelqu'un de tomber ou de commettre une erreur.

Hassei japonais
Dans le kendo, le cri de bataille lorsqu'on attaque.

Yaocuicatl espagnol mexicain
Des hymnes guerriers.

LA GUERRE

Einfall allemand
L'entrée brutale d'une armée dans un autre pays, ou une idée fulgurante, ou l'arrivée subite de la lumière.

Blitzkrieg allemand
Une guerre éclair.

Teheriit touareg
Un boulet de canon qui passe en sifflant, ou le bruit sourd d'un corps qui tombe lourdement dans l'eau, ou un éboulement lointain.

Zaida ukrainien
Un envahisseur étranger.

Hainori japonais
S'approprier l'identité de quelqu'un pour une mission d'espionnage.

Maverick anglais
Un franc-tireur indépendant et non conformiste.

Sniper anglais
Un tireur d'élite embusqué et spécialisé qui opère en profondeur dans les lignes ennemies.

Ñóofáyi mandinka, Sénégal
Un échange de coups de feu.

Wulufaa mandinka, Sénégal
Mourir ou tuer quelqu'un comme un chien.

Sahef arabe libanais

Conduire et traîner dans la rue quelqu'un qui est ligoté au pare-chocs d'une voiture.

Fandi mandinka, Sénégal

Faire semblant d'être mort.

Tameshigiri japonais

Essayer une nouvelle épée sur des criminels, des cadavres ou des objets.

Johur hindi, Inde

Un petit sabre courbe à la lame étroite, surtout utilisé par les guerriers musulmans du nord de l'Inde.

Seppuku japonais

La « coupure au ventre », une forme rituelle de suicide masculin par éventration. Les samouraïs utilisaient le *seppuku* quand ils estimaient immoral un ordre du maître et refusaient de l'exécuter. C'était aussi une façon de se repentir d'un péché impardonnable ou d'un échec personnel, de racheter ses fautes. Dans le langage courant, on utilise le mot *harakiri*.

Kaishakunin japonais

Celui qui est désigné pour décapiter la personne qui se suicide par *seppuku*, après qu'elle s'est éventrée.

Jauhâr rajput, Inde

La coutume, en cas de défaite du clan rajput, veut que les femmes se suicident en masse afin de ne pas tomber entre les mains des assaillants musulmans. Dans certains cas, les guerriers rajput tuent eux-mêmes leurs femmes et enfants avant de s'élancer pour le combat final.

Militkompenso espéranto

Les dommages de guerre.

Moural argot hébreu

« Intoxiqué », une recrue abrutie par la vie militaire, les entraînements et les combats. Ou un jeune gauchiste israélien qui refuse le service militaire obligatoire mais se porte volontaire pour des commandos d'élite dans des unités périlleuses.

Schevizoute hébreu

La dépression du soldat.

Shavouz hébreu

La dépression du soldat qui est loin de sa maison.

Homesick anglais

Être malade de nostalgie quand on est loin de chez soi.

LA DROGUE

Ingarellato argot romain

Répéter obsessionnellement un acte ou une parole, ou l'état dans lequel on est quand on a sniffé de la cocaïne.

Verklemmt allemand

Être compulsivement inhibé émotionnellement.

Snowbird anglais

Un « oiseau de neige », un accro à la cocaïne ou quelqu'un qui fuit le froid pour le chaud et passe l'hiver dans le Sud.

Gruebelsucht allemand
L'obsession des faits les plus simples, compulsivement interrogés.

Ohrwurm allemand
Le « ver d'oreille », un air obsédant, un thème musical, une suite de notes qui restent ancrés dans la tête au point qu'il est difficile de s'en libérer.

Waswaas arabe libanais
La voix intérieure incessante et délirante qui nous hante et nous empêche de dormir. L'obsession presque maladive, presque paranoïaque.

Gordok-ga wagiman, Australie
Avoir mal à la tête.

Schizzarsi argot romain
« Se gicler », prendre de l'héroïne.

Flash argot hongrois
Un éblouissement brusque, quand on est sous l'effet de la drogue.

Freak anglais
Un accro à la drogue ou un monstre.

Sbroccare argot romain
« Sortir de la cruche », « déborder », devenir fou après avoir pris des drogues ou avoir une réaction insensée, irrationnelle, à cause d'un énervement, d'un chagrin, d'un trauma émotionnel.

Skyhigh argot anglais
« Perché dans le ciel », être si défoncé qu'on perd le contact avec le monde réel, au point de se sentir hyperpuissant, de n'avoir plus le vertige devant rien.

Biesputnyi russe
« Sans chemin », être débauché, mener une vie déréglée.

Malviajarse espagnol mexicain
Faire un mauvais trip.

Meteroui touareg
Être bouleversé, dans l'agitation, le trouble.

Mechouchou touareg
« Être gaspillé », dispersé d'une manière désordonnée.

Sztondul argot hongrois
Être sous l'effet d'une drogue, ou être épuisé.

Downer anglais
Un tranquillisant ou une drogue sédative comme l'opium ou le hashish utilisés par les toxicomanes pour se relaxer, ou une expérience déprimante.

Bettschwere allemand
N'avoir la force de rien d'autre que d'aller se coucher.

Kulubut kapampangan, Philippines
Se mettre sous la couverture.

Duondormi espéranto
Tomber de sommeil.

Worr-ma wagiman, Australie
S'endormir rapidement.

Lasak muara jambi, Indonésie
Les mouvements de celui qui n'arrive pas à rester tranquille pendant son sommeil.

LA RÉPARATION

Istiqâra arabe
Une demande d'aide en forme de rêve.

Mgarong dyak, Bornéo
Quelqu'un qui vient en secret nous secourir en rêve.

Koyaanisqatsi hopi, Amérique du Nord
Un mode de vie tellement fou et déséquilibré qu'il demande la mise en place d'une nouvelle façon de vivre.

Imi japonais
Une période d'abstinence.

Asoka tulu, Inde

La libération du chagrin.

Stunt anglais

Un tour de force.

Tapas sanskrit, Inde

La force d'âme qu'on acquiert par l'ascèse, la chaleur du cœur, l'ardeur, l'austérité.

Sabsung thaïlandais

« Mettre dans le liquide quelque chose qui était devenu sec », renaître, être revitalisé.

Duhkkânta pâli, Inde

La cessation de la douleur.

Lehit'hazèk hébreu

Devenir plus fort, se consolider. Ce mot vient de la religion, se réparer par la pratique religieuse.

Shkoyèkh yiddish

« Que ta force se prolonge ! », « On te souhaite de ne jamais faiblir ! » C'est ce que crient les hommes à la synagogue à celui qui vient de lire un passage de la Torah.

Querencia espagnol
L'« endroit favori » d'où on tire sa force.

Tikoun hébreu
Réparer son âme.

Kintsugi japonais
La « jointure en or », une méthode de réparation des porcelaines avec de la poudre d'or.

L'INVENTION

Eltrovermo espéranto
L'esprit d'invention.

Jugaad hindi, Inde
Inventer des solutions avec peu de moyens.

Bid'ah arabe
Une chose inventée sur la base d'aucun modèle existant.

Ogu japonais
L'art d'inventer des objets utiles mais inutilisables, comme un ventilateur portatif attaché à une fourchette pour refroidir les pâtes.

LES OBJETS

Wichajster polonais
Un objet tordu qu'on n'arrive pas à nommer, comme un clou qui sort du bois.

Korinthenkacker allemand
Quelqu'un d'obsédé par des détails sans importance.

Matat hongrois
Chercher un petit objet parmi plein d'autres en les palpant avec les mains.

Tsundoku japonais
Acheter des livres, les laisser s'empiler sur le sol, les étagères ou la table de nuit et ne pas les lire.

Tingo rapanui, langue polynésienne de l'île de Pâques
Emprunter sans jamais les rendre des objets à quelqu'un qui est sidéré de ne pouvoir s'y opposer, jusqu'à ce qu'il ne lui reste plus rien.

Neidbau allemand
Un objet ou un bâtiment construit uniquement pour ennuyer son voisin.

Gecekondu turc
« Posé la nuit », une habitation ou un quartier construit sans permis. Une partie non négligeable de la ville d'Istanbul aurait été construite ainsi.

Band-aid anglais
Un sparadrap sur une jambe de bois, un pis-aller, une solution provisoire.

Tfingué arabe libanais
Un truc, une entourloupe, une petite tricherie maligne et pas méchante pour parvenir à ses fins.

Stumelings belge
Faire les choses par des voies non régulières, sans passer par la hiérarchie.

Harbouk arabe libanais
Celui qui se débrouille en faisant fi des règles, un peu rusé, un peu filou, mais sympathique, pas méchant, juste débrouillard.

Draykop yiddish
« Quelqu'un qui vous fait tourner la tête », qui vous fait perdre la raison, vous embrouille ou un filou, un truqueur.

Kombinować polonais
L'art d'inventer des combines, des magouilles et des solutions.

Glitsh yiddish

Une « glissade », une entreprise risquée, une affaire douteuse et pas claire.

Khaltouré yiddish

Une affaire louche ou le travail au noir.

Killing anglais

Un gros profit gagné très rapidement sur le dos de quelqu'un ou en touchant le gros lot.

Despelucar espagnol mexicain

« Déperruquer », plumer quelqu'un, le laisser sans argent.

Rastrata russe

Un détournement de fonds.

Clonación espagnol mexicain

Le « clonage », la reproduction illégale d'un document ou d'une carte bancaire.

Huizachada espagnol mexicain

La magouille, notamment montée par un avocat ou un politique.

Doublespeak anglais
Un « double langage », une façon de parler délibérément ambiguë.

Legalese anglais
La langue de bois des avocats.

LA CORRUPTION

Huizache espagnol mexicain
Un avocat marron.

Xiaoren chinois
Une personne insignifiante, égoïste, mesquine qui cherche le gain immédiat. Ce mot s'applique souvent à la carrière des politiciens, plus intéressés par le pouvoir que par le bonheur des citoyens.

Hogra arabe égyptien
L'oppression exercée par celui qui a le pouvoir sur celui qui ne l'a pas.

Verszivo hongrois

« Qui suce le sang », se dit des vampires et des banquiers, des politiciens véreux et de ceux qui prennent tout.

Morder espagnol mexicain

Exiger un pot-de-vin.

Shmirn yiddish

« Graisser la patte », glisser de l'argent dans la main de quelqu'un sans que personne ne le voie.

Vzyatotchnik russe

Quelqu'un qui accepte les pots-de-vin.

Guanxi mandarin

Le réseau de relations sociales qui facilite les affaires.

Yahui chinois

La corruption élégante.

Takhlèss yiddish
Le monde des affaires en divorce avec le monde de l'esprit. Parlons *takhless* : parlons affaires, soyons concrets.

Xiahai chinois
« Sauter dans la mer (du commerce) », un concept né après l'ouverture chinoise au capitalisme et aux investissements venant de l'étranger, permise par Deng Xiaoping après 1985.

Bizniszel argot hongrois
Faire des affaires.

Shānzhài chinois
Des contrefaçons ou des imitations grossières de produits de grandes marques par des artisans ou des petites sociétés chinoises ou des parodies ou des sosies.

Dakuan chinois

« Big money », se réfère au stéréotype du nouveau riche. Un *dakuan* utilise souvent son argent à des fins sexuelles à travers la pratique du *xiaomi*.

Xiaomi chinois

Un *dakuan* embauche souvent comme secrétaire une *xiaomi*, une belle femme qui devient immédiatement sa maîtresse. On appelle également *xiaomi* la femme d'un homme riche.

Gold-digger anglais

Une femme qui cherche à épouser un homme riche.

Jinsianiao chinois

L'« oiseau dans la cage », la femme prisonnière – épouse ou maîtresse – d'un homme riche.

Allrightnik yiddish

Celui qui a réussi, qui a fait tout « all right » et le montre avec ostentation, un nouveau riche. Les *allrightniks* sont des matérialistes, ils affichent leur argent, manquent de modestie et de retenue. Ils parlent fort et s'habillent de façon voyante.

Fuerdai chinois

La « deuxième génération des riches », les enfants des nouveaux riches.

Junior espagnol mexicain

Un fils de bonne famille qui fait étalage de ses privilèges.

Inomarka russe

Une voiture de marque étrangère, signe extérieur de richesse par excellence.

Yali turc

« Rivage, plage », une demeure au bord de l'eau à Istanbul, presque exclusivement sur le front de mer, utilisée comme résidence secondaire par les riches Stambouliotes.

Datcha russe

Une résidence secondaire à la campagne, autrefois construite en bois.

Pariolino argot romain

L'« habitant de Parioli », un quartier très riche de Rome. Il est souvent critiqué, voire détesté par les habitants des autres quartiers de la capitale.

Schizzinoso italien

Quelqu'un de difficile à satisfaire, un peu maniaque, il ne mange que certaines choses et fait une grimace de dégoût quand il n'aime pas.

LES PRÉTENTIEUX

Popis espagnol mexicain

Quelqu'un de privilégié qui se croit élégant.

Catrín espagnol mexicain

En Espagne, un *catrín* est un homme très élégant et aristocratique. Au Mexique, il devient paresseux et ridicule, d'une élégance excessive. Son féminin *catrina* personnifie la mort, elle est représentée par un squelette féminin vêtu de riches habits.

Tirarsela italien
Se donner des airs, avoir une haute estime de soi.

Mamà espagnol mexicain
« Maman », un être prétentieux, imbu de lui-même.

Ageustia anglais
L'affirmation très sûre d'un mauvais goût.

LE CLINQUANT

Capezza argot romain
Un « collier de cheveux », un pendentif en or voyant et de mauvais goût. Celui qui le porte affiche avec ostentation sa richesse. C'est aussi une réserve patrimoniale dans les moments de difficulté.

Quemada espagnol mexicain
Se ridiculiser en public.

Cursileria espagnol

La « distorsion du goût », une *cursi* imite l'élégance sans jamais l'atteindre.

Zhengrong chinois

S'embellir avec de la chirurgie plastique.

Catchy anglais

Qui attire l'œil, qui est accrocheur.

Flashy anglais

Qui tape à l'œil, qui est clinquant.

Perak iadakhi, Tibet

Un « chapeau-cobra », la coiffe de cuir ou de feutre rouge ornée de turquoises et de bijoux que portent les femmes de la haute société.

LES OISEAUX

Serapendya sanskrit, Inde

Un oiseau mythique à tête d'éléphant.

Preen anglais
Lisser ses plumes, se faire beau.

Basorexia néologisme anglais
Un désir urgent de s'embrasser.

Piccioncini italien
Des « petits pigeons », deux amoureux qui se bécotent constamment.

Chakravâka sanskrit, Inde
Des oiseaux aquatiques vivant en couples. La légende prétend qu'ils s'appellent l'un l'autre quand ils sont séparés la nuit. Ils symbolisent les amants séparés par les circonstances.

L'AMOUR ADORATION

Koutzèniou-moutzèniou yiddish
Deux amoureux qui suscitent la jalousie parce qu'ils sont tout le temps collés l'un à l'autre et s'embrassent en ignorant le reste du monde.

Encaramelarse espagnol mexicain
« Se fondre dans le caramel », pour les amants, se caresser et s'embrasser sans cesse.

Cafuné portugais brésilien
Passer tendrement les doigts dans les cheveux de son amoureux.

Kareshi japonais
L'élu du cœur.

Samlunano espéranto
Quelqu'un qui vient de la même lune.

Douchenka russe
« Ma petite âme ».

Vitida espagnol mexicain
« Ma vie ! »

Jaanemam farsi, urdu et hindi, Inde
« Mon âme, mon amour. »

Aïni arabe
« Tu m'es aussi chère que mes yeux. »

Tikram arabe libanais
« Que ton œil soit plus généreux, il pourrait demander bien plus grand, je te le donnerais ! »

Altatayoum arabe
L'amour adoration.

LES CHANTS D'AMOUR

Wurduju wagiman, Australie
Une chanson d'amour.

Vpolgolosa russe
À mi-voix.

Cuple espagnol
Une chanson à la limite de la censure, coquine sans être explicite.

Kinky anglais
À moitié coquin, à moitié pervers.

Copla espagnol

Une chanson qui se déroule comme un film. Concha Piquer, aussi géniale qu'Édith Piaf, chante la plus célèbre *copla*, *Tatuaje* (« Tatouage »). Un marin très beau montre à une prostituée son tatouage qui est le nom d'une femme qu'il cherche partout. Ils font l'amour et la prostituée tombe amoureuse de lui. Elle se fait tatouer le nom du marin qu'elle montre à tout le monde et le cherche à son tour.

Spooky anglais

Qui donne la chair de poule.

Ahaat arabe

Une technique de chant qui prolonge à l'infini les variations mélodiques de la syllabe « ah » et donne le sentiment d'un soupir, exprime une émotion forte comme le désir, le chagrin ou une grande joie.

Yoin japonais

Tout ce qui provoque une profonde émotion.

Pansori coréen
L'acharnement à aller jusqu'au bout de sa voix pour y faire vibrer avec sensibilité et humour tout ce que le corps a pu, en l'espace d'une vie, accumuler d'amour et de désespérance.

TROP D'ÉMOTIONS

Platsn yiddish
Exploser émotionnellement.

Vdriebiezgui russe
En mille morceaux.

Nirarbuda pâli, Inde
En mathématique, un nombre suivi de 23 zéros.

Putamadral espagnol mexicain
Plus nombreux encore.

Asamkhyeya sanskrit, Inde
« Impossible à compter », le plus grand chiffre qui puisse se concevoir.

Alharaca espagnol
Une réaction émotionnelle trop violente, de joie ou de colère.

Infatuazione italien
Une passion exagérée et passagère.

Astrkanada espagnol
Un délire théâtral et grotesque. Fernando Arrabal dit que l'Espagne est un pays d'*astrkanada*.

L'IDIOTIE

Abass ! arabe
« C'est noir, c'est peine perdue, il n'y a pas d'espoir, surtout face à un esprit borné ! »

Jhali hindi, Inde
Une fille têtue et stupide.

Klloshar albanais
Toute personne bornée et solitaire, abonnée à l'échec.

Goylèm yiddish
Un robot, un imbécile, un maladroit, un être dépourvu de grâce.

Conehead anglais
Un crétin – d'après une série de sketchs télévisés mettant en scène des extraterrestres au crâne conique.

L'HYPOCRISIE

Wannabee anglais
« Je voudrais être… », quelqu'un qui voudrait être ce qu'il n'est pas.

Awantaji arabe libanais
Celui qui prétend être ce qu'il n'est pas et promet monts et merveilles pour son seul avantage.

Buchipluma espagnol caraïbe
Celui qui fait des promesses et ne les tient pas.

Marear espagnol mexicain
Tromper, entourlouper par de fausses promesses.

Khazèrfissel yiddish
Un « pied de porc », un hypocrite qui sauve les apparences. Dans la *cashrouth* – les règles alimentaires juives – sont exclus les animaux à quatre pattes qui ne ruminent pas et ceux qui n'ont pas un sabot fendu. Le porc a un sabot fendu mais ne rumine pas. Le *khazèrfissel* dit : « Regardez mon sabot est fendu, je suis casher ! » alors qu'il ne prie pas, (ne rumine pas), donc n'est pas casher.

Nifaq arabe
L'hypocrisie et la surenchère en matière de foi.

Ma'almiyé arabe libanais
« Celui qui sait tout mieux que tout le monde » alors qu'il ne sait pas grand-chose.

Jmilé arabe libanais
Celui qui insiste lourdement sur le service qu'il nous a rendu au point qu'on aimerait qu'il ne l'ait pas fait. La fois suivante, s'il veut nous aider, on lui dit : « Surtout pas ! Je ne veux pas de ta *jmile* ! »

Taarof farsi
Une forme de courtoisie où un hôte offre à son invité tout ce qu'il pourrait désirer et même plus, sachant que l'invité est tenu par la même forme de courtoisie de refuser. Le *taarof* crée souvent de vrais problèmes diplomatiques à ceux qui en ignorent les codes.

Sankocha kannadien, Inde
L'embarras de recevoir un cadeau trop grand, inattendu, extravagant, qui fait de nous un(e) obligé(e).

Greng-jai thaïlandais
Craindre que les autres accomplissent des gestes pour nous, que ça leur soit embarrassant, pénible ou offensant.

Za'ama arabe Algérie
« Soi-disant ».

Caravanear espagnol mexicain
Faire des salamalecs, lécher les bottes.

Lambeculo espagnol mexicain
Un lèche-bottes, un lèche-couilles.

Radfahrer allemand
Celui ou celle qui flatte ses supérieurs et intimide ses subordonnés.

Busybody anglais
Celui ou celle qui se mêle de tout, fouine partout.

Bothántaíocht irlandais gallois
Aller d'une maison à l'autre et collecter des ragots.

Grillo espagnol mexicain
Un « grillon », celui ou celle qui calomnie et fait circuler des rumeurs.

Flaming anglais
Des « propos inflammatoires », quand on poste sur un réseau social des messages délibérément hostiles, insultants, dans l'intention de créer un conflit dans un groupe de discussion.

Logomachist anglais
Quelqu'un qui s'engage dans la guerre des mots.

Zir-tzèvertlen brèn yiddish
Se détruire l'un l'autre à l'aide des mots, d'injures, se les envoyer à la figure.

Puteada espagnol mexicain
Une bordée d'injures.

Caracolitos espagnol mexicain
Un geste d'insulte par lequel on envoie quelqu'un se faire voir. On place le pouce à l'intérieur du poing, on l'accompagne d'un « *¡ mocos, guet !* » (va chier, connard !) bien sonore.

Culattina italien
« Un petit cul », une insulte pour dénigrer un homosexuel très efféminé.

Insultare latin
Vouloir arracher la tête de quelqu'un et l'enterrer dans l'anus de son père.

Cyganić polonais
« Faire comme un gitan », une insulte raciste pour dire tromper, mentir, embrouiller.

Raghead anglais
« Tête à turban », une insulte raciste contre les musulmans, les sikhs, etc.

Beaner anglais
Un « mangeur de haricots », une façon insultante de dire « Mexicain ».

Buddhahead anglais
Une « tête de bouddha », une façon injurieuse de dire « Asiatique ».

Ape anglais
Un « grand singe », une insulte raciste contre les noirs.

Meid afrikaans, Afrique du Sud

Une « bonne », une injure raciste contre une femme noire.

Judío espagnol mexicain

« Juif ! », au Yucatán, une façon raciste d'appeler les enfants méchants.

Judas espagnol mexicain

« Juif ! » Une effigie en carton qui représente Judas pendant la semaine sainte et qu'on fait brûler à l'aide de fusées et de feux d'artifice, ou un officier de police judiciaire.

Honkie anglais

« T'es qu'un Blanc ! », une insulte raciste contre les Blancs par les Noirs.

Hillbilly anglais

Une insulte raciste contre les Blancs qui vivent dans les zones rurales américaines et sont considérés comme incultes et trop attachés à leurs biens.

Buzzurro argot romain

« Celui qui nettoie », une insulte raciste contre les Suisses qui venaient à Rome nettoyer les cheminées et vendre de la polenta et des châtaignes. Aujourd'hui, c'est quelqu'un de vilain, d'ignorant et de grossier.

Gharbzadegi farsi

La culture occidentale considérée comme un virus.

Tifflè yiddish

Une « babiole » dont on ne doit pas s'approcher. Au Moyen Âge, c'était une cathédrale ou une église. Quand un juif passait devant, il devait changer de trottoir.

Arifardisse argot romain

Oublier ses origines, renier ses amitiés.

Shmèndrik yiddish

Le juif qui nie sa culture et joue à l'assimilé, qui place la culture non juive au-dessus de ses origines.

Apple anglais

Une « pomme », rouge à l'extérieur, blanche à l'intérieur, une insulte contre les Indiens américains qui auraient perdu leur identité.

Banana anglais

Une « banane », jaune à l'extérieur, blanche à l'intérieur, un terme péjoratif pour désigner un Asiatique vivant en Occident.

Coconut argot sud-africain

Une « noix de coco », noire à l'extérieur, blanche à l'intérieur, un terme péjoratif pour désigner un Africain.

LA VULGARITÉ

Turpiloquio italien

Une façon de parler vulgaire, offensive, avec des mots grossiers.

Swintuszyć polonais
« Faire le porc », faire ou dire des cochonneries sans que cela soit nécessaire. Crier des mots vulgaires au lit pendant qu'on fait l'amour.

Lalochezia anglais
Le soulagement qu'on éprouve après avoir juré ou utilisé un langage vulgaire.

Latah indonésien
L'incontrôlable habitude de dire des choses embarrassantes.

Progovorit'sa russe
Parler trop.

Kadtelu tulu, Inde
Une femme babillante.

Espantasuegras espagnol mexicain
Une langue de belle-mère.

Sanza zande, Nouvelle-Guinée
Une insulte cachée.

LES RAGOTS

Lengualarga espagnol mexicain
Une « longue langue », quelqu'un qui est incapable de garder un secret.

'A'ama hawaiien
Une personne qui parle bas et rapidement pour n'être pas entendue par une autre dont elle dit du mal et qui se trouve à côté.

Gaydar anglais
Un radar pour dire qui est homosexuel, qui ne l'est pas.

Anga-anga pascuense, île de Pâques
L'idée parfois infondée qu'on raconte des potins sur nous.

Fanimfírísi mandinka, Sénégal
Celui ou celle qui a la manie de rapporter des faits plus ou moins imaginaires.

Goya urdu, Pakistan
L'incrédulité qui nous gagne lorsqu'une histoire nous est trop bien racontée.

Logogogue anglais
Une personne qui dirige les autres grâce à son usage de mots.

Verbicide anglais
La mise à mort des mots. La mauvaise utilisation consciente ou la distorsion en calembour d'un mot.

Recumbentibus anglais
Le K-O ou le coup final qui permet de gagner une bataille verbale ou physique.

L'ABSURDE

Carriwitchet anglais
Une question absurde.

Rigmarole anglais
Un propos confus.

Griego espagnol mexicain
Le « grec », une langue incompréhensible.

Mamada espagnol mexicain
Une fellation, une cuite ou une absurdité.

Anacapito ? argot romain
« Est-ce que tu as tout compris ? »

Sultrolevi espéranto
Hausser les épaules.

Boh ! argot romain
« Je ne sais pas ! »

Olmaz ! turc
« C'est impossible ! »

Davka ! hébreu
« Au contraire ! »

Xeos grec
Celui qui court le plus vite : Dieu.

Vybiegat' russe
Sortir en courant.

Elŝteliĝi espéranto
Filer à l'anglaise.

Streak anglais
Courir nu dans un lieu public.

Mooning anglais
« Faire la lune », montrer ses fesses nues en public en se penchant en avant, comme un défi, une protestation.

LA SIESTE

Inemuri japonais
Faire une sieste dans un lieu public.

Cabeceada espagnol mexicain
« On pique du nez », une sieste que l'on fait assis.

Pestañita espagnol mexicain
Un « petit cil », une courte sieste.

Errago basque
Une forte chaleur du soleil.

LA PARESSE

Linti farsi
Une personne qui passe ses journées assise sous un arbre.

Bosabosa japonais
Être assis paresseusement sans faire ce qu'on a à faire.

Bundao portugais brésilien
« Avoir beaucoup de fesses », quelqu'un qui n'a envie de rien faire.

Zitsflaysh yiddish
« De la viande à s'asseoir », quelqu'un qui n'aime pas bouger.

Přesezený tchèque
Avoir des courbatures après avoir été assis trop longtemps dans la même position.

Jaksaa finnois
« J'ai pas envie, je préférerais pas, j'aimerais mieux pas… » Bartelby, le personnage sans entrain et sans enthousiasme de Melville, pourrait être le roi du *jaksaa*.

Smarh' arabe
« À quoi bon ! »

Undidibatte tulu, Inde
Un paresseux qui s'empiffre.

Girbutz hébreu
Se gratter les couilles, ne rien faire.

Donaldkacsázás hongrois
« Faire comme Donald Duck », porter un tee-shirt mais pas de pantalon à la maison.

Tan chinois
Ne rien porter au-dessous de la taille.

Kalsarikännit finnois
Se soûler seul chez soi, en caleçon.

Barrigudo portugais brésilien
Avoir un grand ventre, un ventre à bière.

LA CHALEUR

Swelter anglais
Étouffer de chaleur.

Wamadat farsi
Une chaleur intense les nuits d'été.

Incalescent anglais
De plus en plus chaud.

Sántóféle mandinka, Sénégal
La nuit où on guette l'apparition de la nouvelle lune.

Moonlight anglais
Le clair de lune.

Pełnia polonais
La pleine lune.

Ăhôd touareg
Un vent brûlant.

Hanyauku portugais angolais

Marcher sur la pointe des pieds sur le sable brûlant.

Lû hindi, Inde et Pakistan

Un vent très chaud du sud-ouest du Rajasthan, responsable de la formation des dunes du désert de Thar.

Taglant touareg

Une petite colline de couleur crème dans le désert avec de petits points plus foncés.

Tabhaout touareg

Une colline de sable foncé, blond ou intermédiaire entre le crème foncé et le doré.

Ălous touareg

Une colline ou une courte chaîne de sable assez élevée de forme allongée.

Efîkas touareg

De faibles bruits de pas d'animaux dans le désert.

Iñhou touareg
Descendre en glissant dans le désert et disparaître dans le lointain.

Bagoyor muara jambi, Indonésie
Une marche lente, presque au ralenti, conduisant finalement à son but.

Ăgentour touareg
Un vallon très court où la pente du sol étant faible, les eaux stationnent et produisent une belle végétation, en plaine ou en montagne.

Tallabe zarma, Nigeria
Marcher en gardant en équilibre des choses sur la tête sans l'aide des mains.

Tibii touareg
De gros nuages noirs qui se traînent près du sol les uns derrière les autres.

Aġenna touareg
Une masse de nuages qui couvre une grande partie du ciel.

Tagiait touareg
Un brouillard sec formé de sable très fin.

LA DEMANDE

Jehar gujarati et hindi, Inde
Un homme fait sa demande en mariage en ôtant le pot que porte une jeune fille sur la tête quand elle va au puits. Cette coutume a encore cours dans certains villages du Rajasthan et du nord de l'Inde.

Murâjat hindi, Inde
La coutume consistant à raccompagner un hôte étranger sur le chemin du retour, lui assurant ainsi protection.

LA GÊNE

Bochorno espagnol

Une chaleur suffocante, ou la honte et la gêne.

Wistelkiya sioux, Amérique du Nord

La gêne sexuelle entre un homme et une femme unis par un lien de parenté.

Kakola lingala, Congo

Celui qui est embarrassé.

Myötähäpeä finnois

Avoir honte pour quelqu'un, partager sa gêne. En allemand, c'est *Fremdschämen*.

Fadikha argot hébreu moderne

Un scandale embarrassant. En arabe, on appelle ça *fadiha*.

Dit-da wagiman, Australie

Baisser la tête parce qu'on a honte.

Potouplyat'sa russe
Baisser les yeux

Chyourit'sa russe
Plisser les yeux.

Momboh-ma wagiman, Australie
Fermer les yeux.

Arrweng-nga wagiman, Australie
Ouvrir les yeux.

LA LAIDEUR

Eyesore anglais
Une horreur pour les yeux.

Moustasha arabe marocain
Une « fille avec de la moustache », une fille très moche.

Poti tulu, Inde
Une femme avec de la barbe.

Cozza argot romain
Une « moule », une fille très laide.

Lackoass anglais
Quelqu'un qui a un postérieur limité, c'est-à-dire peu de fesses et qui a du mal à remplir son jean.

Mrongos indonésien
Avoir les dents de devant moches et protubérantes.

Camapotoniliztli nahuatl, Mexique
Avoir une mauvaise haleine.

Tuplats basque
Une haleine qui pue l'ail.

Luj polonais
Quelqu'un qui pue et qui est sale. Se dit souvent des alcooliques dans la rue.

Sloppy anglais
Débraillé, peu soigné, sentimental.

Oupguelozen yiddish
Habillé n'importe comment.

Kudpalu tulu, Inde
Une femme décoiffée.

Buffarilla argot anglais
Plus grosse qu'un bison et plus moche qu'un gorille.

LES ANIMAUX ÉTRANGES

Aryayeru tulu, Inde
Un bison castré.

Baamóoree mandinka, Sénégal
Un bouc castré.

Koron somalien
Un chameau castré.

Busalo basque

Un coup de tête d'un bovin.

Konsímbáli mandinka, Sénégal

Un babouin qui se tient à l'écart.

Ambari tulu, Inde

La selle d'un éléphant.

Porkidetinarujo espéranto

Le lieu de regroupement des truies.

Apazil basque

Le nombril d'un cochon.

Xalkor basque

Une vache très attachée à son petit.

Errekoi basque

Une brebis qui aime les ruisseaux.

Adiba basque

Une inflammation de gorge chez les animaux.

Steenbok afrikaans, Afrique du Sud
Un joli petit chevreuil.

Síijólo mandinka, Sénégal
Une mouche qui ressemble à la mouche tsé-tsé.

Marabunta portugais brésilien
La migration massive de fourmis, dévorant tout ce qui est comestible sur leur passage.

LES ESPRITS

Raskh farsi
La migration de l'âme humaine vers une plante ou un arbre.

Petnî bengali, Inde
Les esprits féminins censés hanter les troncs des arbres, et parfois le corps des femmes, en leur insufflant une énergie débordante.

Nyagrosha sanskrit, Inde
Un arbre sacré, généralement un banian, censé être habité par des esprits auxquels les hindous des villages font des offrandes.

Bilva sanskrit, Inde
Un arbre sacré dont les fleurs sont consacrées à Shiva.

LES FLEURS

Ikebana japonais
L'art d'arranger les fleurs.

Hanakotoba japonais
Le langage des fleurs.

Hanami japonais
L'« art de regarder les fleurs », c'est la coutume d'apprécier leur beauté, surtout celle des fleurs de cerisier – les *sakura* – quand elles sont en pleine

floraison. On profite alors de la saison pour pique-niquer, discuter et chanter sous les arbres.

Sakura japonais

La fleur de cerisier, fleur de printemps, associée à la beauté et à la mort rapide.

Kamala sanskrit, Inde

Le lotus rouge, symbole de la véritable nature du cœur, de l'amour et de la compassion.

Kōyō japonais

Les « feuilles rouges », la periode de changement de couleur des feuilles en automne.

Momijigari japonais

L'observation de *kōyō*, de la beauté du changement de couleur des feuilles pendant l'automne.

Hojarasca espagnol

Le tapis de feuilles mortes tombées des arbres. En allemand c'est le *Laubschicht.*

Sunshower anglais
La pluie qui tombe pendant que le soleil brille. En suédois, c'est *vitterväder.*

Serein anglais
Une pluie légère qui tombe d'un ciel sans nuage, après le coucher du soleil.

Tăbaiôt touareg
Une pluie fine et pénétrante, sans vent, suffisante pour faire germer les plantes, insuffisante pour faire couler les ruisseaux.

Aralu tulu, Inde
La pluie bruineuse.

Mojapendejos espagnol mexicain
Un « mouille-couillons », une pluie fine et incessante.

Morgengrauen allemand

La « grisaille du matin », l'horreur du réveil quand le ciel est gris et qu'il n'y a aucun rayon de soleil.

Bourel touareg

Un voile de vapeur d'eau plus ou moins épais qui couvre l'horizon.

LE SAUNA

Leiliviskaja estonien

Celui ou celle qui met de la vapeur dans le sauna en jetant de l'eau sur les pierres chaudes.

Vienik russe

Une balayette en branches de bouleau qui sert dans le sauna à agiter la vapeur et à se flageller les uns les autres afin de faire circuler le sang.

Löyly finnois

Le sentiment d'enveloppement dans la vapeur chaude d'un sauna quand l'eau vient d'être versée sur les pierres. Le sauna est un endroit sacré pour les Finlandais, le lieu où la famille se souvenait de ses morts et où les femmes accouchaient.

L'ACCOUCHEMENT

Tintoo mandinka, Sénégal
Une femme en train d'accoucher.

Unumiaq inuit
La personne qui soutient le dos d'une femme lors de son accouchement.

Jiba mandinka, Sénégal
Une femme qui vient d'accoucher.

Jâtakarman sanskrit, Inde
Une cérémonie hindoue faite à la naissance d'un enfant avant même qu'on ait coupé le cordon ombilical. Le père de l'enfant, tout en récitant les prières appropriées pour la santé et la prospérité du

bébé, touche ses lèvres, ses oreilles et ses épaules avec une cuillère en or ou en argent.

Batakuñjúlu mandinka, Sénégal
Le cordon ombilical.

LES SEINS

Dímbaa mandinka, Sénégal
Une mère qui allaite son enfant.

Súñjúnóno mandinka, Sénégal
Le lait maternel.

Bonyu japonais
Les seins remplis de lait d'une femme qui allaite.

Binyu japonais
Des beaux seins.

Yunyu japonais
Des seins larges.

Bakunyu japonais
Des gros seins.

Kyonyu japonais
Des seins géants.

LA NEIGE

Sniejinka russe
Un flocon de neige.

Aqilokoq inuit
La neige qui tombe doucement.

Muluta basque
Une boule de neige.

Yowdendrift écossais
La neige ou la grêle qui tombe avec force des cieux.

Erdrift écossais
La neige ou la grêle qui rebondit violemment sur la terre.

Sleet anglais
Le mélange de pluie et de neige.

Salogok inuit et yupik
La neige jeune et noire parce que salie.

Entsarre basque
La période où la neige tombe.

Sniegopad russe
La grande chute de neige.

Piegnartoq inuit
La neige qui est bonne pour faire de la luge.

Matsaaruti inuitet yupik
La neige mouillée qui sert à glacer les chemins pour les traîneaux.

Buran russe
Une tempête de neige.

Sharabha sanskrit, Inde
Un animal mythique, sorte de licorne possédant huit pattes, qui vit sous la neige dans les forêts de l'Himalaya et qui est censé courir très rapidement.

Zimovat' russe
Passer l'hiver.

Romjul norvégien
La période entre Noël et le Nouvel An.

Wintersearig anglais
La tristesse qu'on ressent quand l'hiver est long et froid.

Snjór islandais
Une goutte d'eau cristallisée par le froid en flocon. L'un des 6243 mots pour nommer la neige en Islande.

LA GLACE

Sosoul'ka russe
Une stalactite de glace.

Brinicle anglais
Une stalactite de glace qui se forme dans l'eau de mer lorsqu'un flux d'eau salée et glacée se déverse des calottes polaires.

Ugurugüzak inuit
« De la glace grasse », le premier état du gel.

Migalik inuit
« De la glace comme du pancake » formée par de la glace jeune.

Zierkal'nyi russe
Lisse comme de la glace, comme un miroir.

Proroub' russe
Un trou creusé dans la glace.

Morj russe
Quelqu'un qui aime se baigner dans les lacs ou les rivières glacées.

Curglaff écossais
Le sentiment intense qu'on ressent après s'être jeté dans l'eau glacée.

Achu tibétain
Le choc des premières secondes où le froid s'empare de nous.

LE DÉGEL

Eyechektakok inuit
Une fissure dans la glace qui s'ouvre et se referme.

Growler anglais
Un morceau de glacier qui se détache et flotte librement sur l'eau.

Piqaluyiq inuit
De la glace d'eau de mer âgée de plus d'un an et devenue fraîche à cause de l'été.

Maullik inuitet yupik
La neige fondue.

Norbel basque
Un lieu débarrassé de la neige.

Setsubun japonais
Le jour qui sépare deux saisons, l'hiver du printemps.

Merzlota russe
Des terres qui restent gelées en profondeur, si bien que l'écoulement des eaux ne peut se faire et que les routes s'inondent au printemps.

Raspoutitsa russe
La période au printemps où les routes deviennent impraticables.

Maienko basque
Une rivière en crue à cause de la fonte des neiges.

Floeberg anglais
Un large fragment de glace empilée, qui flotte librement sur l'eau, généralement pendant l'été.

Takatalvi finnois
Le « retour de l'hiver », un soudain regain de vent froid et de mauvais temps au printemps et même en été.

TRAÎNER L'ÉTÉ

Utepils norvégien
Une bière à boire à l'air libre pour profiter du très lumineux mais bref été, après le long et sombre hiver.

Samar arabe
Celui avec qui on passe une nuit agréable, on boit du vin et on prolonge la nuit.

Bromance anglais
Une forte amitié entre deux hommes qui se tiennent la main, se parlent sans cesse, dorment dans le même lit mais ne sont pas homosexuels.

Bergadang indonésien
Passer une nuit blanche à refaire le monde.

Fanikée gaélique écossais
Rester éveillé jusqu'à l'aurore.

Beccarsi argot romain
« Se donner des coups de bec » ou « On se revoit bientôt ! Au bar du coin ou sur la place ! »

Sobhiyé arabe libanais
Traîner le matin avec des amis autour d'un café.

Parea grec
Une bande d'amis qui se réunit pour le plaisir de partager leurs idées.

Uitbuiken néerlandais
Être assis à table d'une façon relaxée et parler entre les plats.

Gezelsaft argot hongrois

Un groupe d'amis.

Estivate néologisme anglais

« Hiberner l'été », passer la saison chaude à dormir ou être dans un état d'inactivité absolue.

FUMER

Zajarać argot polonais

Fumer du shit ou de l'herbe.

Buryan russe

La mauvaise herbe.

Sambou argot brésilien

Quand un DJ fait un mauvais mix.

Treta argot brésilien

Des embrouilles dans les fêtes. Un gars qui a volé quelque chose, une bagarre entre deux dealers, un problème avec la police, des producteurs de soirées qui n'ont pas payé les artistes.

Patrão argot brésilien

Celui qui a l'équipement « pro », la meilleure herbe…

Sharita hébreu

Un joint qu'on se partage à plusieurs.

Sababa hébreu

« C'est bon, c'est bien. »

Chacuaco espagnol mexicain

Une « cheminée », un gros fumeur.

Stryakhivat' russe

Secouer quelque chose pour en faire tomber la cendre, la neige.

JOUER AU FOOT

Kibbitzèn yiddish
Commenter, faire l'imbécile en regardant un match de foot.

Cascarita espagnol mexicain
Une partie de football improvisée entre amis.

Sbonnata italien
Au foot, un coup très fort dans le ballon.

Cannuso dialecte italien des Pouilles
Celui qui ne passe jamais le ballon lors d'un match de foot, qui ne joue que pour lui-même.

JE-M'ENFOUTISME

Naafi argot sud-africain
Acronyme de *No Ambition And Fuck all Interest*.

Tumiwisizm polonais
Je-m'en-foutisme, je-m'en-fichisme !

Mallas arabe
Une vis qui tourne à vide, un comportement qui tourne en rond.

LA SAISON DES PLUIES

Bakwe kapampangan, Philippines
« Fumer une cigarette mais avec le bout allumé dans la bouche », ce n'est ni un tour de magie, ni une erreur, c'est juste une façon de fumer pendant la saison des pluies qui réchauffe la bouche et empêche la cigarette d'être trop mouillée.

Varsha hindi, Inde
La saison des pluies.

Nullâh hindi, Inde
Le lit d'une rivière qui est resté temporairement à sec, et qui s'emplit lors des fortes pluies.

Aman bengali, Bangladesh

Des rizières irriguées uniquement par les pluies et dont la récolte se fait seulement en novembre.

Sawútu mandinka, Sénégal

Le travail en groupe des femmes pendant la saison des pluies.

Yangee chinois

Un chant populaire des planteuses de pousses de riz.

Jookaajáli mandinka, Sénégal

La personne qui chante pour animer les travaux collectifs.

Errepel basque

Un temps chaud et malsain.

Maurre basque

Le grondement du tonnerre, du feu.

Snarl anglais

Un grondement féroce.

Gluggaveður islandais

Un « temps de fenêtre », quand on a l'impression qu'il fait beau, mais qu'en realité le temps est épouvantable.

Huayco espagnol péruvien

Une inondation soudaine causée par des pluies torrentielles qui ont lieu dans les montagnes, surtout pendant la période d'El Niño.

El Niño espagnol péruvien

L'« enfant Jésus », un courant chaud et pluvieux au large du Pérou et de l'Équateur qui apparaît peu après Noël et met fin à la saison de la pêche.

Korondo mandinka, Sénégal

Un rituel qui vise à empêcher la pluie de tomber.

Boule écossais

Une ouverture dans les nuages, qui annonce l'arrivée du beau temps.

Aiteall irlandais

Le beau temps entre deux pluies.

Ăgnoûnou touareg

Un son égal et prolongé, comme celui des fils télégraphiques que fait vibrer le vent. Comme celui du tonnerre quand il produit des grondements sourds.

Skindoger écossais

Le grondement discret d'un tonnerre éloigné.

LES DANSES ÉROTIQUES DES FEMMES

Guéréwol français nigérien

À la fin de la saison des pluies, un rituel nuptial pratiqué par les Wodaabes – le peuple de l'Interdit – du Niger. Les tribus nomades se retrouvent à la frontière du Sahara, du Cameroun et du Nigeria. Les jeunes hommes Woodabes qui vouent un culte à la beauté s'habillent pendant des jours, se peignent le visage, dansent et chantent pour séduire des jeunes femmes qui vont les choisir pour leur faire l'amour.

Leumbeul wolof, Sénégal

Une danse sensuelle et érotique des femmes, avec des déhanchements, des mouvements provocateurs du bassin et des fesses produits à très grande vitesse.

Sabar wolof, Sénégal

Une fête organisée par les femmes. Habillées d'un pagne, d'un foulard noué autour de la taille et d'un haut très court, elles bougent exclusivement leurs fesses avec talent et imagination.

Twerk jamaïcain

Une danse de filles, très sensuelle et qui incite au sexe.

Wolosso français ivoirien

Une danse « coupée-décalée » des femmes habillées de façon très érotique, avec des jeans taille basse et le ventre nu.

LES DANSES GUERRIÈRES DES HOMMES

Verbunkos hongrois

Une danse destinée à convaincre les jeunes hommes de rejoindre l'armée.

Intore kinyarwanda, Rwanda

Le « meilleur », un danseur-guerrier et jeune combattant d'élite de l'Afrique des Grands Lacs. Les danses guerrières faisaient partie de la formation militaire.

Merengue espagnol mexicain

Une danse populaire où l'on traîne un pied à chaque pas, ou un vacarme, un désordre, une bagarre.

Manghmang-nga wagiman, Australie

Danser en claquant le bas des jambes ensemble.

Jambadoŋ mandinka, Sénégal

La danse des feuilles exécutée à l'occasion de la circoncision pratiquée à l'adolescence.

Kóndóroŋ mandinka, Sénégal
Un être mythique qui coupe le prépuce des garçons et la queue des vaches.

Samasoo mandinka, Sénégal
Un jour de fête où les adolescents qu'on a circoncis viennent au village rendre visite à leur famille avant de retourner au camp d'initiation.

LA FIANCÉE

Búlúmúta mandinka, Sénégal
Une fille promise à un jeune homme dès sa naissance.

Búlúsíti mandinka, Sénégal
Un projet de mariage avec une fille pas encore pubère.

Lobola xhosa, Afrique du Sud
Le prix de la future mariée.

Noŋkollaa mandinka, Sénégal

La cérémonie d'achat de la future épouse.

Asura hindi, Inde

Le fiancé doit faire de riches présents au père de la fille et aux autres membres de sa famille.

Tirandukuli malayalam, Inde

Un rituel qui célèbre les premières règles de la fiancée.

Wosaye tulu, Inde

Une « nouvelle ». On envoie un messager au mari ou aux parents d'une jeune fille pour leur communiquer qu'elle a eu ses règles, qu'elle a atteint la puberté.

N'golo bantou, Cameroun

La « danse du zèbre », une danse de combat qui se déroule pendant l'*efundala*, la fête de la puberté des filles, quand elles sont prêtes au mariage. Deux hommes s'affrontent pour gagner le droit de les épouser. La danse du zèbre sert à déterminer lequel est le plus brave et qui peut le mieux s'occuper de la future épouse. Le vainqueur du *n'golo* a le droit de choisir sa femme entre les nouvelles initiées sans payer de dot. Les hommes violents, les bandits du pays de Benguela gagnent facilement le *n'golo* et s'en servent comme d'une arme.

Eirutali tulu, Inde
Un collier porté par une vierge.

LE MARIAGE FORCÉ

Râkshasa hindi, Inde
Le mariage qui suit un rapt violent (l'une des huit formes de mariage en Inde).

Paiśhâcha hindi, Inde
Le mariage qui suit un viol de la jeune fille enivrée ou inconsciente (l'une des huit formes de mariage en Inde).

Piśhâcha hindi, Inde
Les *pishâcha* sont les démons créés par les vices d'un être ou d'un animal atteint de folie.

Brahmâ hindi, Inde
Le « don d'une jeune fille à un brahmane » (l'une des huit formes de mariage en Inde).

Deva hindi, Inde
Le « don d'une jeune fille à un prêtre officiant » (l'une des huit formes de mariage en Inde).

Prajâpatya hindi, Inde
Le père fait don de sa fille à un homme qu'il veut ainsi honorer (l'une des huit formes de mariage en Inde).

Saptapadî sanskrit, Inde

Les « sept pas ». Pendant la cérémonie du mariage, le nouveau couple doit faire sept pas autour du feu sacré pour que l'union soit scellée.

Broyguèztantz yiddish

La « danse de la fâcherie », une danse de mariage où on ne se regarde pas dans les yeux, où les pères et les mères des mariés tiennent chacun le bout d'un mouchoir.

Foudimmessern yiddish

Un « fil pour mesurer le tour de la tombe », on invite l'âme du mort à s'approcher de la cérémonie d'un mariage pour le bénir.

Maañoo mandinka, Sénégal

La « nouvelle épouse », une femme qui commence sa vie commune avec son mari ou la dernière épouse d'un mari polygame.

Ernai chinois

La deuxième épouse.

Dundiŋkaŋ mandinka, Sénégal

La cérémonie d'installation de la nouvelle épouse.

Xaxar wolof, Sénégal, gambie, Mauritanie

Un combat verbal chanté par les épouses secondaires contre la dernière épouse, vue comme une briseuse d'harmonie. Ces chants accompagnent la mariée jusqu'à sa chambre nuptiale.

Maañooyaa mandinka, Sénégal

La période de réclusion de la nouvelle épouse.

Drachenfutter allemand

Un cadeau destiné à calmer une épouse fâchée.

Házisárkány hongrois

Un « dragon de maison », une épouse impatiente ou méchante.

Nag anglais

Une femme qui irrite son mari par ses perpétuels reproches.

Rogi espéranto
Réclamer avec arrogance.

Sitike apache, Amérique du Nord
Une belle-sœur ou un beau-frère formellement engagé(e) à aider un couple en crise.

LE DIVORCE

Mikudarihan japonais
La lettre de divorce que le mari doit écrire à sa femme.

Lifer anglais
Une condamnation à perpétuité ou un mari qui ne consentira jamais au divorce.

Agunah hébreu
Une femme dont le mari a disparu ou s'est enfui, et qui ne peut pas se remarier sauf s'il revient pour divorcer ou s'il est prouvé qu'il est mort.

Rasplakat'sa russe

Se mettre à pleurer.

Rawa toupory, Afrique

« Ne pleure pas ».

Ayurnamat inuit

Ce n'est pas la peine de se prendre la tête avec des situations qu'on ne peut de toute façon pas changer.

Rujuk indonésien

Se remarier avec celui ou celle dont on est divorcé.

Verschlimmbessern allemand

Essayer de faire mieux et faire pire.

Sehnsucht allemand

Le « vague à l'âme », presque une toxicomanie du désir. Une nostalgie du futur où l'amour sera inaccessible. Pour Goethe, « qui connaît la *sehnsucht* sait combien je souffre ».

LES DISPUTES

Fireworks anglais
Une dispute très bruyante, ou des feux d'artifice.

Oodal tamoul
La rage exagérée de deux époux qui cherchent à se blesser après une engueulade, attendant que l'autre s'excuse en premier.

Ho'oponopono hawaiien
« Remettre les choses en ordre », une thérapie de réconciliation où chacun s'enferme dans une chambre jusqu'à ce que l'un ou l'autre ait évacué la dispute.

Ilunga tshiluba, Congo du Sud-Ouest
Être prêt à pardonner n'importe quelle offense une première fois, une deuxième, jamais une troisième.

Anagapesis anglais
Ne plus être amoureux de la personne que l'on a aimée.

L'AMOUR À SENS UNIQUE

Kataomoi japonais
L'amour à sens unique.

Mareado espagnol mexicain
« Qui a mal au cœur, qui est trompé » : un mari.

Tranvata argot romain
« Prendre un coup de tramway », être surpris, étonné, désorienté à cause de quelque chose de bouleversant, d'une rupture amoureuse.

Torpe espagnol
Un homme désespérément amoureux de sa femme mais qui ne peut l'approcher.

Alistithar arabe
Un amour éperdu où la déraison et la stupeur vous détournent de tout en dehors de l'être aimé.

Viraha hindi, Inde
Être amoureux de l'autre seulement quand on en est séparé, le plaisir d'éprouver la douleur d'en être éloigné.

Pine anglais
Désirer ardemment et soupirer.

Al sadamou arabe
L'amour marqué par le regret.

Alsouhd arabe
L'insomnie que l'amour provoque.

Alkamad arabe
La douleur d'amour qui rend livide.

Alchajw arabe
L'amour où alternent les pleurs et la tristesse.

Al iktiyab arabe
L'amour-peine.

Mihnah arabe
L'amour-tourment.

Kreh'tzn yiddish
Ahaner pour exprimer qu'on souffre, gémir pour que ça se sache.

Dzióbnąć polonais
« Prendre avec le bec comme un petit oiseau », manger à peine à cause d'un amour non partagé, d'une perte ou d'une maladie.

LA NOSTALGIE

Aporia grec
Quand on est perdu, incapable de résoudre un problème, de traverser une place, de joindre quelqu'un. Quand on a un réel doute sur ce qu'on est, où on est, ce qu'on doit faire, ce qu'on doit dire.

Termangu-mangu indonésien
Être triste et ne pas savoir trop quoi faire.

Hüzün turc

La mélancolie provoquée par un échec ou une faiblesse, si lourde à porter qu'elle en devient étrangement poétique. La tristesse des ruines, le hüzün à Istanbul, c'est le fil d'argent qui relie la ville à tous ceux qui l'ont traversée.

Saudade portugais

La nostalgie douce du passé, la tristesse mêlée à la joie quand on se souvient du bonheur et des amours qu'on a vécus. C'est le désir intense de la personne qu'on a aimée et qu'on a perdue. C'est le manque du pays qu'on a quitté, et l'espoir d'y revenir un jour.

Natsukashii japonais

La « mémoire douce », une nostalgie heureuse, une réminiscence.

Lakhtara grec

La tristesse mêlée d'espoir, un sentiment à la fois de mélancolie et de désir.

Ergah hébreu

Une tristesse mêlée d'un désir ardent.

Tao chinois
Le chemin intérieur.

Innerlichkeit allemand
La lumière intérieure, la profondeur de l'âme, l'intensité des sentiments.

Philautia grec ancien
L'amour vis-à-vis de nous-même, s'aimer soi-même.

DIEU

Fanaa arabe
L'annihilation de soi qui mène à l'illumination et à l'union avec Dieu.

Devékouth hébreu
« Être collé au projet de Dieu », sortir de soi et se tourner vers les autres pour participer à la création du monde.

Lehithpalèl hébreu
Se mettre en balance dans la prière devant Dieu qui l'acceptera ou pas.

Shema' hébreu
Le rapport incessant entre la parole et l'écoute, c'est une prière quotidienne qui commence par « Écoute ô Israël, Adonaï est notre Dieu et Adonaï est un ».

Ivri hébreu
Celui qui passe d'une rive à l'autre, traverse le temps, est en perpétuelle évolution. Le féminin est *ivrit*, qui veut dire « Hébreu ».

Hithlahavouth hébreu
« Se mettre à flamber » pour le projet divin.

Chtiebe yiddish
La « petite chambre », une pièce d'étude composée généralement d'une grande table rectangulaire où des enfants et des adultes entourent un rabbin qui leur enseigne le Talmud.

Karantaa mandinka, Sénégal
Un endroit où on allume un feu à la lumière duquel se déroule l'étude du Coran.

LA PASSION D'ÉCRIRE

Mezouza hébreu
Les paroles du *shema*, qui est la profession de foi du monothéisme, sont écrites sur un parchemin fixé au montant droit de toutes les portes de la maison, sauf de celle de la salle d'eau.

Latrinology anglais
L'étude des graffitis sur les murs des toilettes.

Durchgelesen allemand
Lu à fond.

Page-turner anglais
Un livre passionnant qu'on dévore de la première page à la dernière.

Cliffhanger anglais

« Accroché au bord d'une falaise », un film ou un livre haletant, plein de suspense.

Scripturient anglais

La passion dévorante d'écrire.

Meraki grec

La passion créatrice.

Bindu sanskrit, Inde

Le « point », l'énergie sexuelle créatrice. Les ascètes hindous accumulent le sperme et le transforment en pure énergie spirituelle.

L'ÉVEIL

Satori japonais

L'« éveil spirituel ». C'est une expérience qui se prolonge, comparable à celle d'un bébé qui apprend à marcher. Après beaucoup d'efforts il se tient debout, trouve son équilibre, fait quelques pas puis tombe. Il se rendra compte un jour qu'il peut marcher tout le temps.

A-hûm sanskrit, Inde

Deux sons primordiaux qui, prononcés ensemble, représentent le début et la fin de toute chose. Par leurs vibrations, ils produisent l'éveil et l'entrée dans le nirvana.

Shankha sanskrit, Inde

Une conque marine dont le son éveille et transforme les conditions de l'existence. On en jouait pour effrayer l'ennemi dans la bataille. Aujourd'hui, elle sert à appeler les fidèles à la prière. C'est un symbole de richesse et de féminité.

LES FEMMES DE TALENT

Prakriti sanskrit, Inde

L'énergie féminine active des divinités, la nature originelle.

Bèryè yiddish
Une femme extraordinaire, bourrée de talent, d'énergie, de compétences.

Chairlady yiddish
Une femme présidente.

Bogoroditsa russe
La mère de Dieu.

Sternstunde allemand
L'heure de gloire, l'instant exceptionnel d'une vie, son apogée.

Bayadta arabe
C'est ce qu'on dit à qui connaît un succès remarquable, inespéré.

Brèn yiddish
« Brûler », quelqu'un doué d'une grande énergie, qui « pète le feu ».

Tausendsassa allemand
Un touche-à-tout brillant qui vit très bien de ses nombreux talents.

Milusos espagnol mexicain
Des personnes qui ont de multiples capacités.

LE TRAVAIL ACHARNÉ

Cram anglais
Être « charrette », travailler jour et nuit pour achever un travail.

Tüfteln allemand
Se perdre dans un travail difficile pour le rendre parfait.

Betriebsblindheit allemand
Être tellement concentré sur son travail qu'on ne voit plus rien d'autre autour de soi.

Hachimaki japonais
Un bandeau que les hommes mettent sur le front pour être plus concentrés.

Vaśitva sanskrit, Inde

La volonté irrésistible.

Prākāmya sanskrit, Inde

Accomplir toute chose.

Siddhi sanskrit, Inde

L'accomplissement et la perfection, le succès, le pouvoir surnaturel obtenu grâce à la concentration et à la contemplation.

Otsukaresama japonais

Une « fatigue honorable », quand une équipe a beaucoup travaillé, qu'elle a été au bout de ses forces.

Moonlight anglais

« Clairdeluner », avoir un deuxième métier la nuit, souvent illégalement.

Sisu finnois

L'« intérieur » et les « entrailles », la ténacité et la persévérance. *Sisu* c'est le courage qui se situe dans le ventre. C'est la détermination et l'habileté à faire face à des défis extraordinaires.

Ganbaru japonais
« S'accrocher », faire de son mieux et même plus que son possible, persévérer au-delà des défis insurmontables. *Ganbaru* a une place importante dans la culture japonaise pour valoriser la persévérance malgré les obstacles et les échecs.

Challenged anglais
Qui doit relever un défi.

Gaman japonais
« La pire épreuve est relative », la capacité de tout supporter avec dignité, une forme d'endurance, de résistance. Le *gaman* est considéré par les Japonais comme une vertu fondamentale.

Innae coréen
L'endurance, le sens de la survie, la capacité d'affronter et de tenir dans des situations très difficiles.

Napracować się polonais
Trop travailler.

Malpasarse espagnol mexicain
Passer de nombreuses heures sans rien manger, se surmener.

Døgne norvégien
Rester éveillé pendant vingt-quatre heures.

Krouglosoutotchno russe
Vingt-quatre heures sur vingt-quatre.

Karoshi japonais
La mort par overdose de travail.

LA MORT PRÉMATURÉE

Addaghaya tulu, Inde
Une mort prématurée ou accidentelle.

Barmenane yiddish
« Pas de chez nous », on appelle ainsi les morts pas encore enterrés parce qu'on ne veut pas les vexer.

Onnen hébreu
L'affligé qui, tant que le mort qu'il pleure n'est pas enterré, doit se rebeller, donner libre cours à son incompréhension de Dieu.

Alévashoulèm yiddish
« La paix sur lui », l'expression est utilisée automatiquement pour parler de quelqu'un qui est mort, comme en français on dirait « Qu'il repose en paix ».

H'oullilè yiddish
« Loin de nous... », « puisse ceci ne pas arriver », « Dieu préserve », « Dieu me pardonne ».

Ojalá espagnol
« Pourvu que », « plût au ciel » (espoir), « si seulement... » (regret).

LE NOM

Bisímilláayi mandinka, Sénégal
« Au nom de Dieu ».

Shaday hébreu

« Celui qui se suffit à lui-même », c'est l'un des noms de Dieu qu'on porte souvent en médaillon autour du cou.

Tiozka russe

Celui qui porte le même prénom que nous est notre *tiozka*, notre *tocayo* en espagnol.

LES ÉTOURDIS

Tartle écossais

Hésiter quand on présente quelqu'un parce qu'on a oublié son nom. Un mot utile aux étourdis.

Engentarse espagnol mexicain

Être étourdi par la cohue d'une grande ville ou éprouver un malaise au milieu de la foule.

Zagovarivat' russe

S'étourdir de paroles ou guérir un mal par la magie.

Zar éthiopien

Pour soigner un malade, faites parler son *zar*. D'après Tobie Nathan, un *zar* est un étranger invisible qui nous rend visite et nous habite. Comment sait-on qu'il est là s'il est invisible ? On sait ce qui l'attire : les femmes – leur *zar* c'est leur mari de la nuit –, la musique, la danse, certaines paroles, le sang des animaux. Si on sacrifie un taureau, les *zar* viennent tous. Les *zar* aiment leurs semblables, chaque fois que des gens sont rassemblés et ne se connaissent pas, ils sortent et parlent entre eux. Dans les pays où on croit à l'invisible, c'est le moment où on tombe en transe. Dans les pays où on n'y croit pas, c'est celui où on tombe amoureux.

Kattadia sri Lankais

Les danses des sorciers qui invoquent les noms des démons pour les empêcher de nuire et les chasser.

Tiganda tulu, Inde

Le chapeau d'un démon danseur.

Udaremukha sanskrit, Inde
Une tête de lion ou de démon représentée sur la partie ventrale de l'armure d'un guerrier.

Dâkinî sanskrit, Inde
Des démons femelles buveuses de sang.

Heruka sanskrit, Inde
Un « buveur de sang », un démon qui attaque l'âme du défunt et hante le monde entre la mort et la renaissance.

LES PIERRES

Anekallu tulu, Inde
Une pierre dédiée au démon d'un temple.

Sámféteŋ mandinka, Sénégal
Les pierres que la croyance populaire considère comme tombées du ciel avec l'éclair.

Semabanga lingala, Congo
Rien que des pierres.

Inuksuk ou inukshuk inuktitut, dialecte inuit
Un empilement de pierres « qui a la capacité d'agir comme un être humain ».

L'INDIFFÉRENCE

Oualou arabe, Algérie
« Rien du tout ».

Anuttara sanskrit, Inde
« Ce ou celui qui n'a rien au-dessus », l'absolu.

Taijni chinois
Le « suprême par excellence », un état d'indifférence absolue et de potentiel infini.

Meimportamadrismo espagnol mexicain
Une attitude d'indifférence face à ce qui devrait nous intéresser ou nous préoccuper.

Accismus anglais
Être indifférent ou refuser ce qu'en réalité on désire profondément.

Qualunquismo italien
L'indifférence à la politique due à la méfiance qu'on a des politiciens, des partis, du pouvoir. Un désengagement qui mène parfois au populisme.

Cocowash anglais
Un lavage de cerveau.

LES ÉLECTIONS TRUQUÉES

Borrego espagnol mexicain
Une personne qui est emmenée en autocar pour participer à une manifestation ou pour voter, en échange d'un sandwich et d'un soda, ou un suiviste, un conformiste.

Floater anglais
Quelqu'un qui vote illégalement dans plusieurs bureaux de vote ou un cadavre qui flotte sur l'eau ou un homme à tout faire, un factotum.

Mapache espagnol mexicain
Une personne qui bourre les urnes, en retirant ou en ajoutant des bulletins en faveur d'un parti.

Landslide anglais
Un « glissement de terrain », une victoire politique écrasante, ou un raz-de-marée.

Gerrymandering anglais américain
Le découpage des circonscriptions électorales afin d'avantager un candidat ou un parti.

Machincuepa espagnol mexicain
Changer d'avis, de côté, se retourner, changer de parti, d'équipe ou de camp.

Touchka ukrainien
Le « corps d'un animal mort », un membre du parlement ou un officier qui change de filiation politique.

Uhljeb croate

Une personne non qualifiée ayant eu son poste grâce à des relations politiques ou au népotisme.

Dedazo espagnol mexicain

La désignation d'un candidat à un poste public par une autorité sans les formalités de rigueur, un doigté vaginal ou anal.

Aviador espagnol mexicain

Un « aviateur », une personne qui figure dans un organigramme et touche un salaire sans venir travailler. La pratique de l'emploi fictif est si répandue au Mexique qu'elle a engendré tout un vocabulaire.

Mordelón espagnol mexicain

Un policier qui demande les papiers d'identité et ne les rend que moyennant paiement, ou qui accepte de l'argent pour dissimuler une infraction.

Pollero espagnol mexicain

Un « vendeur de poulets », un passeur qui conduit des travailleurs sans papiers aux États-Unis dans des conditions proches de celles du transport de poulets.

Migra espagnol mexicain
La police des frontières américaine.

Wetback anglais
Un « dos mouillé », un sans-papiers mexicain entré clandestinement aux États-Unis en traversant le Rio Grande.

Coyote espagnol mexicain
Un faux avocat ou un intermédiaire pour des démarches administratives qui, sans rien garantir, réclame un paiement abusif, ou une personne qui fait entrer des sans-papiers illégalement aux États-Unis.

Amarchantarse espagnol mexicain
Perdre son intégrité, se laisser corrompre ou devenir un habitué d'un lieu.

Makrouh arabe
Un acte déconseillé, mal vu, détestable mais non répréhensible.

Mubah arabe

Une action qui n'est ni interdite ni recommandée, mais neutre pour la religion.

Ḥalāl arabe

« Ce qui est permis ». Dans l'Islam, le *Halal* se réfère à tout ce qui n'est pas interdit par la loi islamique.

Casher hébreu

Ce qui est autorisé, ce qui est permis pour…

Cashrouth hébreu

Toutes les règles alimentaires juives qui se subdivisent en règles de pureté naturelle des espèces animales et les règles de conformité de la préparation. La vache est une espèce pure mais si elle est tuée brutalement, si elle a mal, elle devient charogne et ne peut donner de viande *casher*.

Shoykhèt hébreu
Un abatteur rituel. Il prend un rasoir. Si le fil du rasoir est entaillé même d'un poil après avoir tranché la carotide de l'animal, il y a soupçon que l'animal ait souffert, il ne sera plus consommé.

LE SANG

Aliles-dam yiddish
Une « accusation scandaleuse de soulèvement du sang », on a accusé les juifs de boire le sang des enfants chrétiens et de le mêler à la fabrication du pain azyme de la Pâque juive. Aujourd'hui encore à la campagne, dans les pays de l'Est, on peut entendre des parents dire à leur enfant : « Mange ou je te donne pour le pain azyme ! » Les enfants comprennent ce que cela veut dire. Ces accusations de meurtres rituels ont souvent été lancées par l'Église catholique lorsque les communautés juives et chrétiennes vivaient en bonne intelligence, afin de les tenir éloignées par la peur l'une de l'autre.

Gore anglais
Le sang d'une plaie coagulée, un sous-genre du film d'horreur.

LES RITUELS POUR L'ENFANT MÂLE

Ñáki mandinka, Sénégal
La croyance que quand une femme enceinte voit une chose qui lui fait peur ou horreur, un être ou un animal, l'enfant qu'elle porte en gardera la trace et la ressemblance.

Pulicudi malayalam, Inde
Un rituel où on frotte avec de l'huile de coco la femme enceinte, qui doit prendre un bain, s'habiller avec des vêtements de cérémonie et consulter un astrologue en regardant la date prévue de la naissance. Si elle boit un jus de fruit de tamarin égoutté le long de la lame d'un couteau, on dit que l'enfant deviendra un guerrier, et en sélectionnant une graine, elle en déterminera le sexe.

Brith hébreu
L'« alliance entre Dieu et le peuple », la cérémonie de la circoncision du garçon pratiquée huit jours après la naissance chez les juifs.

Putra sanskrit, Inde
L'« enfant mâle ». Lui seul peut sauver de l'enfer les familles hindoues quand il procédera aux rites. Les filles n'ont pas ce pouvoir.

Chaula sanskrit, Inde
Le rite domestique de la première coupe de cheveux d'un jeune hindou mâle de caste brahmanique.

Akika swahili, Afrique de l'Est
Une fête qui célèbre la première coupe de cheveux d'un enfant ou ses funérailles.

Basribis ulwa, Nicaragua
Avoir les cheveux inégaux, mal coupés.

Daberlack ullans, Irlande du Nord
Avoir de longs cheveux incontrôlables.

Crewcut anglais
Les cheveux en brosse.

LES MOUSTACHES

Fshes albanais
Une moustache hérissée comme les poils d'un balai-brosse.

Varur albanais
Une moustache tombante.

Kacadre albanais
Une moustache avec les pointes retroussées.

Madh albanais
Une moustache bien fournie.

Big albanais
Une moustache en guidon.

Glemb albanais

Une moustache avec les pointes effilées.

Posht albanais

Une moustache dont les bords descendent sur le menton.

Holl albanais

Une moustache fine.

Rruar albanais

Sans moustache.

Gagung chinois cantonais

Un « homme dépouillé de branches », qui a peu de chances de se marier et d'avoir une famille à cause de la politique chinoise de l'enfant unique qui a entraîné un excès d'hommes célibataires, beaucoup de filles ayant été tuées à la naissance par leurs parents qui désiraient un fils.

Sheng-nu chinois

Un « reste de femme », ces célibataires dont personne ne veut. En Chine, l'âge moyen du mariage est passé de 19 ans à 27 ans. Le gouvernement chinois a introduit le terme *sheng-nu* pour les femmes célibataires de plus de 27 ans.

LA RUINE

Roadkill anglais
Quelqu'un qui a tout perdu, qui est fini, qui n'a plus d'avenir, ou un animal tué par un véhicule.

Pogorelets russe
Quelqu'un qui a perdu tout ce qu'il avait dans l'incendie de son logement.

Mekhoulèh yiddish
Quelqu'un au bord de la faillite, de la ruine financière et sociale.

Bekâr turc
Un homme célibataire sans métier.

Accannato ou scannato argot romain
Quelqu'un qui a été abandonné, qui n'a plus d'amis, plus de moyens.

Goner argot anglais
Quelqu'un de ruiné, de condamné, en train de mourir.

LA MALADIE

Saatakúuraŋ mandinka, Sénégal
Une maladie mortelle.

Atakotale tulu, Inde
Une maladie chronique.

Sawuñjáŋkári mandinka, Sénégal
Une maladie contagieuse.

Osagaitz basque
Difficile à guérir.

Fachang chinois

L'« aire des méthodes », le recours ultime d'une famille dont un membre malade n'a pu être guéri par les médecins, un exorcisme très élaboré qui peut durer toute une journée dans la maison du malade.

Gougle-mougle yiddish

« Le lait de poule », un remède de grand-mère juive polonaise. On verse du bouillon sur un jaune d'œuf avec du sucre et on y ajoute parfois du rhum.

LA GUÉRISON

Salaamtak arabe libanais

« Ta paix ». Se dit à un malade pour qu'il se rétablisse bien.

Mahj farsi

Paraître beau après s'être rétabli d'une maladie.

Makahakahaka hawaiien

Avoir les yeux très marqués après une maladie.

Prikol'nyi russe
Quelqu'un qui nous plaît beaucoup, qui nous fait sourire, qui nous donne envie.

Chicca italien
Une femme belle, élégante et raffinée ou une découverte rare, spéciale.

Aware japonais
La beauté de l'éphémère.

Shibui japonais
La sensation subjective produite par la beauté simple et subtile.

Iki japonais
La sophistication naturelle.

Shitoyaja japonais
Ce mouvement typiquement féminin de se pencher, avec grâce et modestie.

Unaji japonais
La nuque des femmes.

Galtzas basque
Les jambes nues.

Melado portugais brésilien
La « couleur du miel », un des nombreux mots qui définissent les différentes couleurs de peau qui existent au Brésil.

Iroka japonais
Un parfum sensuel. Une atmosphère érotique.

Kodo japonais
L'art de développer ses désirs à partir d'un parfum.

LE DÉSIR

Abhisar bengali, Bangladesh
« Aller vers », une rencontre secrète entre deux amants.

Alachwak arabe
Les désirs les plus ardents.

Yearning anglais
Le désir brûlant, la folle envie.

Karicilu tulu, Inde
Un vœu fait à un démon.

Ngempor muara jambi, Indonésie
L'état d'un adolescent amoureux.

Khatifé arabe libanais
L'enlèvement d'une jeune fille avec son consentement parce que ses parents refusent de la donner à son amoureux. On dit qu'elle part libre, qu'elle part *khatifé*, ce qui oblige sa famille par la suite à accepter le mariage.

Bula mandinka, Sénégal
Se donner à un homme.

Yuanfen chinois
La force qui nous amène à être ensemble.

Gandharva sanskrit, Inde

Le mariage par consentement mutuel des époux sans intervention des parents, la jeune fille choisit elle-même son époux : la dernière des huit formes de mariage en Inde, un vrai défi, le seul mariage de désir.

Gush albanais

S'étreindre en jetant ses bras autour du cou de l'autre.

Dakat' russe

Dire toujours oui.

Magari italien

« Cela serait trop beau… »

Ondinnonk iroquois, Amérique du Nord

Le plus profond et bienveillant des désirs.

Ishtasiddhi tulu, Inde
L'accomplissement du désir.

Koi-suru japonais
Aimer sensuellement.

Trpti sanskrit, Inde
L'assouvissement des plaisirs sensuels.

Shikido japonais
La « voie des couleurs », l'art de l'érotisme.

Ukiyo japonais
La culture du monde flottant dans les lieux chauds, érotiques, dans les bordels, dans la peinture. La recherche des plaisirs et de la beauté fugaces.

Trasecolare italien
Perdre la raison à cause d'une merveille, devant le sublime.

Tarab arabe
La jouissance esthétique jusqu'à la transe.

Apsarâs sanskrit, Inde
« Venues des eaux », les nymphes célestes inspirent l'amour. Compagnes de plaisir des dieux, réputées pleines de grâce et de charme, nées du barattage de la mer de lait.

Kâmakalâ sanskrit, Inde
L'art de l'amour.

Iku japonais
Un cri d'orgasme.

Yogaru japonais
Crier d'amour, gémir de plaisir.

Aljawa arabe
L'émotion extrême, souveraine.

Almiqâ arabe
L'amour de pleine jouissance.

POSTFACES

L'idée de ce livre m'est venue en regardant les Indiens monter le long des façades pour nettoyer les vitres des gratte-ciel à New York. Leur tribu ignore le mot « vertige », il manque à leur langue, sa sensation, le concept même. Certains mots sont comme la pomme qu'Ève a offerte à Adam, dangereux à connaître.

D'autres ouvrent les cœurs. Qu'ils expriment le paradis ou le cauchemar, grâce à eux, on n'est plus tout à fait un étranger. On traverse les frontières de l'intime. Dans l'argot de Rome, *Paccare* c'est s'embrasser passionnément en se touchant, ou voler des bagages dans une voiture sans surveillance. *Twerk*, à la Jamaïque, évoque une danse de filles très sensuelle qui incite au sexe. En arabe, *Wiswas* désigne une voix, une obsession qui tourne dans nos têtes et n'en veut plus sortir. Quand on prononce ces deux syllabes en Orient, les regards s'éclairent, les sourires jaillissent.

On a des clés pour se glisser dans le monde des autres.

Ces secrets collectifs composés d'un seul mot désignent des sentiments ou des sensations dont on ne savait même pas qu'ils pouvaient être nommés.

Ces mots manquants nous grandissent, nous élargissent. Ils nous racontent des histoires de tous les jours, des histoires de fête, d'amour ou d'esclavage. On sent soudain ce que sentent les autres.

Avec Paulina Spiechowicz nous avons eu un plaisir infini à écrire cette petite encyclopédie qui peut se lire comme un immense haïku de la première ligne à la dernière. On l'a construite comme une succession de séquences de passions, de manques, d'érotismes, de dérives, de natures sous tous les cieux. Guide de voyage, instrument de drague, manuel philosophique, rêve d'enfant à embarquer sur tous nos chemins.

Yolande Zauberman

Quand nous avons commencé à travailler sur ce projet, nous ne savions pas ce qu'on allait trouver ni comment le chercher. À combien de mots aura-t-on accès ? Beaucoup ou très peu ? Comment les définir, les structurer ?

Nous nous sommes plongées dans une quête de mots en passant par des dictionnaires, des livres d'anthropologie et de géopolitique. Nous avons pris contact avec des traducteurs, des poètes et des chercheurs. On n'avait pas envie de nous restreindre à des définitions. On voulait entendre l'histoire de ces mots, leur vécu, le mystère qui s'y cache.

Nous avons finalement accédé à un réservoir d'expressions et de langues qui a largement dépassé nos attentes. Chaque mot qu'on nous a donné, chaque mot que nous avons reçu, était un cadeau.

Ces mots nous ont fait découvrir des façons de sentir, de rire, de célébrer la naissance et la mort des proches, de décrire la nature et le paysage. Ils nous ont ouvert des univers en nous dévoilant des émotions fortes, parfois bouleversantes, et des possibilités inédites de nommer la peur, l'amour, les fantasmes et les désirs.

Écrire ce livre a été une aventure profondément humaine, et une grande preuve d'amitié, qui nous a fait passer par de nombreux pays, religions, habitudes, croyances et superstitions. C'était finalement une nouvelle façon de voyager, d'aller à la rencontre d'autres cultures et civilisations, et surtout de repousser les limites de notre monde grâce à la langue, en saisissant quelque chose du monde de l'autre à travers ce qui nous manque.

Paulina Spiechowicz

P.-S. : L'expression italienne *traditore*, *traduttore*, c'est-à-dire « traduire, c'est trahir », résume bien un certain nombre de difficultés auxquelles nous avons été confrontées lors de la rédaction de ce livre. Nous avons parfois privilégié le sens d'un mot au dépit d'un autre, afin de rester fidèles aux séquences qu'on avait enchaînées dans le texte. Notre but n'était pas purement linguistique, mais narratif: nous avons cherché à raconter une histoire avec les mots. Malgré toutes nos vérifications, nous sommes persuadées que nous avons dû commettre des « trahisons ». Nous en sommes désolées et rectifierons au gré des rééditions.

BIBLIOGRAPHIE SUCCINCTE

CARRÈRE, Emmanuel, *Limonov*, Paris, éditions P.O.L, 2011.

CARRIÈRE, Jean-Claude, *Dictionnaire amoureux de l'Inde*, Paris, Plon, 2001.

CASSIN, Barbara (éd.), *Vocabulaire européen des philosophies : dictionnaire des intraduisibles*, Paris, Seuil, 2004.

CHEBEL, Malek, *Dictionnaire amoureux de l'Islam*, Paris, Plon, 2004.

CRESSEILS, Denis, *Lexique mandinka-français*, http://www.deniscreissels.fr/public/Creissels_lexique_mandinka_2011.pdf

DE BOINOD, Adam Jacot, *Tingo, Drôles de mots, drôles de mondes*, Paris, éditions 10/18, 2007.

DE FOUCAULD, Charles, *Déserts*, Paris, Rivages Poche, 2013.

DEL CASTILLO, Michel, *Dictionnaire amoureux de l'Espagne*, Paris, Plon, 2005.

FRANCES SANDERS, Ella, *Lost in Translation*, An Illustrated compendium of untranslatable words from Around the World, Ten Speed Press, 2014.

FRÈCHES, José, *Dictionnaire amoureux de la Chine*, Paris, Plon, 2013.

GIARD, Agnès, *Dictionnaire de l'amour et du plaisir au Japon*, Grenoble, Glénat, 2008.

GOETHE (VON), Johann Wolfgang, *Poésies*, Paris, Charpentier, 1843, p.130.

HAGÈGE, Claude, *Dictionnaire amoureux des langues*, Paris, Plon / Odile Jacob, 2009.

JUNG, Carl Gustav, *L'Âme et la Vie*, Paris, Le Livre de poche, 2008, p. 300.

KRASA, Daniel, *Insultes à travers le monde*, Paris, éditions Télémaque, 2015.

KUNDERA, Milan, *Le Livre du rire et de l'oubli*, Paris, Gallimard, 1987.

LACARRIÈRE, Jaques, *Dictionnaire amoureux de la Grèce*, Paris, Plon, 2001.

LAFAYETTE DE MENTE, Boyé, *NTC's Dictionary of Korea's Business and cultural Code Words*, Singapore, Mc Graw Hill, 2004.

– *NTC's Dictionary of China's Cultural Code Words*, Lincolnwood, Illinois, NTC Publishing Group, 1996.

– *NTC's Dictionary of Mexican Cultural Code Words*, Lincolnwood, Illinois, NTC Publishing Group, 1996.

LORCA, Federico García, *Jeu et théorie du duende*, Paris, Allia, 2010.

LOUIS, Frédéric, *Dictionnaire de la civilisation indienne*, Paris, Robert Laffont, 1987.

MORVAN, Michel, *Dictionnaire étymologique basque* (www.projetbabel.org).
MUGLER, Charles, *Dictionnaire historique de la terminologie optique des Grecs. Douze siècles de dialogue avec la lumière*, Paris, Klincksieck, 1964.
NATHAN, Tobie, *Philtre d'amour*: *Comment le rendre amoureux? Comment la rendre amoureuse?* Paris, Odile Jacob, 2015.
RACZYMOW, Henri, « Le Chemin » chap. 5, dans *Contes d'exil et d'oubli*, Paris, Gallimard, 1979.
RHEINGOLD, Howard, *They Have a Word for it, A Light-hearted Lexicon of Untranslatable Words and Phrases*, Los Angeles, Jeremy P. Tarcher Inc., 1988.
ROSTEN, Léo, RANSON, Olivier, *Les Joies du Yiddish: L'Encyclopédie de l'humour juif de alef bayz à zaydè*, Paris, Calmann-Lévy, 2011.
SANJUAN, Thierry, *Dictionnaire de la Chine contemporaine*, Paris, Armand Colin, 2006.
SZABO, Dávid, « La place de l'emprunt dans l'argot de Budapest », *La Linguistique* 2002/1 (Vol. 38), p. 113-128.
The Wagiman online dictionary, http://sydney.edu.au/arts/linguistics/research/wagiman/home.html
VADET, Jean-Claude, *Le Traité d'Amour Mystique d'Al-Daylamy*, Genève, Librairie Droz, 1980.

INDEX

B

C

D

I

J

K

REMERCIEMENTS

Un remerciement spécial à Olivier Ragasol et à ses collaborateurs : Victor Ragasol, Avram Fefer et Karina Cristerna.

À Akram Saghieh.

Aux traducteurs de *Courrier international* :

Raymond Clarinard, Iulia Badea-Gueritee, Hamdam Mostafavi, Polina Petrouchina, Hala Kodmani.

Au centre Medem et à Bernard Vaisbrot.

Aux amis qui nous ont offert des mots :

Sasha Iacovlev, Elisabeth D., Guslagie Malanda, Auguste Malanda, Giacomo Abbruzzese, Salvador Mateu, Cecilia Bengolea, Roy Tal, Nolwenn Sillanpää, Bernard Steffin, Théo Cremona, Sophie Horvat, Yaniv Granat, Denis Molcanov, Daniela Cabrera Lo Bue, Mateusz Chmurski, Agnieszka Wiatrczyk, Davide Maggiore, Bianca Cerrina Feroni, Francesco Peri, Albert Coers, Cedric Lollia, Ikko Okakita, Koji Kuwakino, Frank La Brasca, Adrien Le Bihan, Fabrizio Botta, Behrooz Fard, Stefano Leone.

À Mireille Paolini.

À nos proches,

Selim Nassib, Nadim Tabet, Léo et Chantal Zauberman, Assia Turquier Zauberman, Judith Gabriel et Gross, Monika Klaudia Stolarczyk & family.

TABLE

RÉALISATION : IGS-CP À L'ISLE-D'ESPAGNAC (16)
IMPRESSION : MAURY IMPRIMEUR À MALESHERBES (45)
DÉPÔT LÉGAL : FÉVRIER 2018 - N° 137684 (224252)
IMPRIMÉ EN FRANCE